陳明蕾、丘美珍——著

紙本╳數位，
培養Super優讀者

教出雙閱讀素養

目錄

Part 2：教出優讀者——從紙本閱讀開始，奠基深理解 059

自序

雙閱讀素養教學，給孩子生命豐盛的祝福

在日常生活中，從紙本、數位到周遭環境，我們很難脫離閱讀。

在文字訊息如此豐富的世代，閱讀對個體生命發展的影響，看似不明顯，但是在某些時候，卻又能感受到閱讀的影響力是如此明顯。例如幼兒牙牙學語之時，隨手翻過的繪本，似乎與他們的日常無關，但這看似漫不經心的「看」，卻會幫助累積識字所需要的符號覺識能力，也有助於詞彙能力的發展。

又例如成人每天從數位載具隨意讀過的各種訊息，似乎幫助多數人用更便利的方式了解時事訊息，但是，這些看似隨意推播而來的資訊，卻也是各家媒體精

心計算過的訊息系統，企圖影響或改變閱聽人的知識信念。

我也喜歡閱讀，幸運的是，閱讀研究與閱讀教學成了我的工作。

一九九九年在中正大學師承曾玉村教授，是我進入篇章理解研究之路的起點。曾老師的嚴謹研究訓練，奠定我以認知研究派典，深入探討篇章理解認知歷程的基礎。爾後，博士後研究階段開始，承蒙柯華葳教授提攜與教導，不僅培養我具備使用眼動研究技術，探索兒童篇章理解歷程的研究能力，同時也透過「促進國際閱讀素養研究」（Progress in International Reading Literacy Study）的工作，讓我具備閱讀素養評量、實踐證據本位的閱讀理解教學能力。

進入大學任職後，我也持續和柯老師合作，執行教育部的閱讀師資培育計畫。柯老師任職國家教育研究院院長期間，我也於二〇一五年借調至國家教育研究院，擔任測驗與評量研究中心主任，共同建立「國際評比辦公室」，讓台灣參與的各種大型國際教育評比調查的資料（如PISA、TIMSS、

TALIS），能有橫向與縱向的整合。

看見教師與家長的擔憂

這二十幾年來，我在教師研習的場合、親職知能的演講，以及實際入班教學的時候，有很多機會與中小教學教師及家長對話。在言談間，我發現大多數的教師與家長，對孩子們的閱讀發展有各種「憂心」。

有些時候，這是一種「恨鐵不成鋼」的擔心，因為孩子們的閱讀表現似乎僅僅是「差強人意」；有些時候，則是一種「時不我與」的失落，因為孩子們的閱讀興趣日益低落；有些時候，又是一種「力有未逮」的無力，因為苦無好解方來幫助想學閱讀的孩子。

在言談間我也總能發現，不論是學理上已知的，或是我自己研究室完成的研究資料，都能大大安慰大人們的憂心。求知若渴的教師與家長總會問我，能不能推薦一些書讓他們讀，好讓他們因為正確的「知」，調整自己的信念系統，進而能「教學有法」。

這麼多年來，我不只一次動念，想為教師與家長寫一本書，將這些有意義的學理概念，轉成多數人可理解的科普文本。但是繁忙的學術生活，讓我總是停在起心動念的階段。直到我遇見品學堂文化長美珍，事情終於有了轉機。美珍不僅能從家長的角度與我對話，還能將我們的對話內容，轉譯為家長可理解的文字。在美珍的幫助下，我多年來的起心動念，終於轉為行動。

在和美珍合作的過程中，我們不僅希望透過這本書讓更多教師理解，紙本閱讀與數位閱讀乃是一個共生互惠的學習歷程，更希望有更多學生的生命，因為閱讀學習而更加豐盛。

隨著我自己在閱讀研究與閱讀教學的時日愈久，我愈加發現閱讀之於人，有如力上加力、恩上加恩的蒙福之路。不僅是因為閱讀能讓人擴展視野、提高見識，更是因為閱讀也能夠讓人在生命困頓時找出解方，並因此而重新得力、累積智慧。

透過這本書，我們也想跟讀者分享「數位閱讀的契機與挑戰」，尤其在本書即將出版之時，ChatGPT正帶給眾人無數驚豔之際，我們以閱讀三問邀請讀者一起思考：在道德不明確時，誰可以陪我們的學生一起前行？

獻上最誠摯的感謝

這本書的出版，於我個人另有一層意義。

柯華葳教授在清華大學擔任尹書田講座教授的三年，我們常一起在她的研究室，討論閱讀素養教學的方向。二〇二〇年七月，她提出一個願景，希望每個學生都成為善用紙本與數位工具的自學者。如何在教學系統中因材施教，讓學生先以紙本打好閱讀基礎，再幫助他們發展使用數位工具解決問題的自學力，是大學端應該主動承擔的責任。

原本，我們打算從二〇二〇年九月開始，先找一些中小學試運作雙閱讀素養教學。沒想到身體向來健朗的柯老師，卻在二〇二〇年十一月安息主懷。因為柯老師一路的提攜與教導，我才有機會略窺數位閱讀素養的趨勢。本書有許多想法都受益於柯老師的教導，能有機會透過這本書，與讀者們分享紙本閱讀與數位閱讀的教學布局，也讓我覺得與柯老師有另一種連結。

本書中許多的想法，也受益於在中正大學任教的曾玉村教授，以及甫從台北市國語實小校長職榮退，目前擔任清華大學客座助理教授的林玫伶女士。二〇二一年八月，我們三個人共同承擔，一起將柯華葳老師的閱讀理解，轉為「雙閱讀素養教學模式與師資培育計畫」，一步步建立起在現場可操作的雙閱讀素養教學模式。

這本書之所以能完成，也要感謝清華大學柯華葳教授閱讀研究中心同仁的齊心合作，不只陪著我們一起上山下海，進學校觀課與議課，還需要協助教案發展與釋出、施測工作執行與資料分析，每一個環節都滋養了本書的觀點。

最後，衷心感謝親子天下的出版團隊，他們專業的規劃與協助，促成了本書的出版。

推薦序

從新文盲到優學者的閱讀旅程

黃國珍（品學堂創辦人，《閱讀理解》學習誌暨數位平台總編輯）

回顧台灣閱讀教育，從晨讀十分鐘計畫培養孩子閱讀興趣與習慣開始，逐步進入閱讀策略教學，讓孩子學會策略方法幫助理解，接下來開展主題閱讀、探究閱讀、課文本位閱讀、多文本閱讀、互文性閱讀等不同型態與目標的閱讀學習，同時衍生出多樣的教學方法，走過理論與實務兼具的歷程，也見證閱讀素養從熟悉的紙本，逐漸延伸到嶄新、更具挑戰的數位型態。

二〇二二年十一月，名為OpenAI的科技公司公開一款ＡＩ線上聊天系統

ChatGPT（Chat Generative Pre-trained Transformer），從科技圈引爆為全世界的關注。它以人類無法企及的速度，在大量訊息中進行統整摘要，以近乎人類對話的自然語法，回答各式各樣的提問、產出複雜的文本、編輯程式語言、製作與判讀影音圖像，讓科幻影片的情節走入生活日常。

ChatGPT的影響以全球為尺度擴及所有人，改變熟悉的一切，包括閱讀與教育。這轉變是機會或危機？該如何對應？

二〇二二年中旬，我得知清華大學陳明蕾教授正計劃寫一本有關閱讀教育的書，滿心期待能早日拜讀。由於認識明蕾教授多年，深知她在學術上的研究厚實，並且多年主持大型國家級的閱讀教育計畫，持續與第一線老師交流與討論，我相信這本書會是學術研究與教學現場經驗融合於一體的重磅著作。

隨後我又知道整本書由好友丘美珍擔任共同作者，精心整理明蕾教授論述架構，仔細確認文字親切易讀，輔佐提綱挈領的篇章標題，因此更確定這本書在編輯上體貼讀者需求，支持有效學習的用心。直到收到全書書稿，我所有的期待都成真。

紙本與數位閱讀素養並進

在書中，明蕾教授從核心問題開始，讓我們以「新文盲」為主軸，反思閱讀素養在過去與當前數位時代對個人的意義，以及與日俱增的重要性。

接下來將教出「優讀者」設為目標，以紙本閱讀學習為基礎，從老師最熟悉的課本出發，藉由學生的學習表現，校調老師在課程設計與教學引導的思考，重新定位老師在課堂上的角色。

最後以「優學者」來詮釋具備紙本數位閱讀素養孩子的表現，帶入紙本與數位資源相輔，問題探究與思考歷程共構，多文本與單文本並進的閱讀教學，並以多位老師具啟發與開創性的教學實例收尾。

閱讀全書親切溫柔的文字，像是聽作者敘述生活故事，卻處處有關鍵提點在其中，平衡知性與感性的閱讀需要，也讓我看見閱讀的繼往與開來。

當擁有知識不再是優勢，答案不是學習的終點，未來將是人工智慧與人類共存的時代。擁有持續在閱讀與學習中優化自己的能力，成為一位優學者，將是必然的路途，而本書將引領我們邁向那新世界。

推薦序

迎接閱讀教學新挑戰

林玟伶（國立清華大學客座助理教授、前台北市國語實小校長）

本書是陳明蕾教授與品學堂Podcast訪談合作集結的成果，將「雙閱讀素養」這個複雜的概念娓娓道來，文字深入淺出、平易近人，對於想了解雙閱讀素養的讀者來說，無疑是最佳選擇。

雙閱讀素養的「雙」是指紙本閱讀和數位閱讀，望文生義，很容易簡化或窄化其涵義。最常見的就是讓學生「有時閱讀紙本書，有時閱讀電子書」、「閱讀紙本書後，在線上進行測驗」、「用數位展示閱讀成果」等，形式上也許滿足了紙本和數位的「雙」，但對於要培養怎樣的閱讀素養，還需要加以琢磨。

本書第一部分描述了雙閱讀素養的What、Why和Where，立基於豐厚個人生命，在迎接數位時代來臨的此刻，由學校培養學生的雙閱讀素養，確實責無旁貸。但是該怎麼著手呢？

第二及第三部分進一步回應有關How和Who的疑惑，並提出教學建議。不同的是，第二部分特別強調，教學上必須先穩住紙本閱讀，因為在不同的載具與媒介上閱讀時，其差異絕不只是把紙張換成螢幕而已。

第三部分進入本書最核心的篇章，亦即如何把紙本和數位閱讀串在一起，教出會思考、勇於表達想法的優讀者。明蕾教授提出「多文本閱讀」是重要關鍵，對照我在學校現場的經驗與觀察確實相當符合，不論是做為由紙本閱讀邁入數位閱讀的橋梁，或是累積肚裡的墨水，以便在數位汪洋中有足夠的能力定位訊息，抑或是從解決問題的角度，也經常需要閱讀不只一筆的資料。多文本閱讀對於數位時代所需要的搜尋、評估與整合能力，舉足輕重。

五堂課的雙閱讀素養教學設計，則是本書送給老師的禮物。雖然許多老師也體察到培養雙閱讀素養的重要，但如何應用學理，因應不同年段、按部就班的實施教學，也是一大挑戰。本書提出「閱讀、理解、探究、整合、發表」五步驟的學習歷程，循序漸進幫助學生成為優讀者。

數位時代不只影響生活、文化與產業，也影響閱讀行為與思考歷程，就讓本書陪伴老師一起面對這充滿變化的世代吧！

part 1

新文盲誕生

01 雙閱讀素養，讓「教」與「學」重新定錨

我從民國八十二年就在教育現場服務，一路走來也快三十年了。在過程中其實常常感到困頓，有時還會自問：「當時為什麼想當老師呢？」走到現在，我漸漸覺得，的確是有句話一直帶著我走到現在，那就是：「身為老師，可以讓孩子的生命因此不同。」

老師能讓孩子的生命因此而擁有視野，老師能讓孩子有見識、膽識，即使在教學現場仍有諸多困頓，有諸多不完美，但如果我願意當一個莫忘初衷的老師，就可以讓孩子的生命不一樣！正是這樣的體悟，讓我在過去這三十年來持續保有熱情。

雙閱讀素養是什麼？

近期教育現場開始熱烈討論「雙閱讀素養」，這名詞已變得跟「雙語教學」一樣熱門。大家很容易理解雙語教學，就是把中文跟能接軌國際的英文串接教學。如果借用這樣的概念，「雙閱讀素養」其實就是把紙本閱讀的歷程，和資通訊數位載具傳遞的資訊互相整合。

無論是用紙本或數位載具傳遞訊息，目的都是希望讀者（閱聽者）理解訊息。只是，讀者在面對數位載具傳送的訊息時，理解方式與紙本閱讀的過程略有不同。所以在資訊通訊科技軟體上，一切對資訊的理解跟使用，就可以說是「數位素養」。

我們也可以簡單的說：「雙閱讀素養，就是擁有紙本閱讀的能力，同時也善用資訊通訊科技的特質，理解更多的資訊。」因為理解了這些資訊，我們的生命能夠更為安頓、更有力量。

談到素養，通常就不是被框架、固定的格式。不論是紙本素養或數位素養，都應該是可以應用到生活中，幫助我們解決問題。所以，重點是「應用」知識，而不只是「被灌輸」知識。

有人說，讀者在紙本閱讀中比較被動，而數位閱讀會讓讀者比較主動。但其實在紙本的年代裡，也是可以主動搜尋。兩者真正的差異只在於「可接近性」與「便利性」。

以前的小朋友如果問媽媽這個為什麼？那個為什麼？媽媽通常會說：「你可以去圖書館看《十萬個為什麼？》。」因此，即使在只有紙本書的時代，讀者也可以透過圖書館主動搜尋。只是現在有了數位載具，人們可以不出門就透過網路搜尋，感覺更為便利。

有一本書叫做《非普通讀者》（*The Uncommon Reader*），講述英國女王與她的僕人交流讀書心得的故事。那些放在圖書館裡的書，並不在乎來讀書的人是英國女王，或是一個小小的僕役，只要你願意讀書，不論身分地位，都可以主動去借書。對一本書來說，任何人只要有理解能力，不會因為是英國女皇就懂得比較多，也不會因為是廚房打雜僕人就懂得比較少。

《非普通讀者》這本書呈現了一種面對知識的平等，在知識面前，不論身分地位如何，書裡的知識對讀者都一視同仁。但是，如果你從來不主動，就算有再多的書放在眼前，仍舊與你無關。

按部就班，習得雙素養

現在的數位環境充滿了各種知識寶庫，這寶庫對所有上網的人開放，非常公平。既然如此，身為一個教學者，我們要怎樣預備所有的學生，幫助他們建立相對應的核心能力，以便打開這個知識寶庫？這個核心能力，可能包括過去在紙本閱讀就需要的「基本讀寫能力」，以及進展到數位時代之後，所需要具備的

「思考與分辨能力」。

我們可以說，如今的時代帶來了更友善的學習機會，只要擁有學習的能力與意願，現在的紙本圖書館與數位環境，確實提供了學海無涯的資源。雖然如此，但如果你打開Google，卻不知道自己要問什麼，那麼所有的知識仍與你無關。

如今放眼國際，不論是北歐國家，或者是我們比較熟悉的新加坡與韓國，都很重視他們的學生能不能建立這樣的核心素養，同時使用紙本工具和數位工具進行學習。

因為老師們深刻了解到，在學校圍牆裡所提供的知識，絕對無法跟網路上的知識庫相抗衡，因為學校裡知識產生的速度和內容，遠不如數位環境豐富。因此國外的趨勢是讓學生從國小一年級開始，按部就班習得雙閱讀素養，直到國民教育階段的終點（十八歲），就能夠獨當一面。

從紙本開始

談到紙本閱讀的素養，出發點一定源自於「興趣」，意思是學生一定要覺得有趣，才會打開某個資訊的來源。不論是他在博物館裡拿到的小小的單張說明，或者是身邊隨手可得的繪本，他一定要覺得這是一種樂趣，才會繼續向前。所以素養的首要環節，就是「想要一探究竟的熱情」。

紙本素養的第二個環節，則是「獨當一面的識字能力」。小朋友本來就會想要一探究竟，但是在他還不識字以前，需要仰賴大人將書上的文字讀給他聽，或者需要別人演講、說書給他聽，直到擁有識字能力之後，才不用一直依賴別人。一旦孩子認得夠多字，能夠獨立、隨心所欲、自在的拿起各種書來讀，就可以前往下一個階段：廣泛閱讀。

孩子識字後會看到這些字在不同的學科出現，而且有不同的文體。有些小孩喜歡讀文學類，但不見得對數學類或自然類有興趣。所以，如果能夠透過大人的引導，讓孩子培養出能夠穿透各個領域、各個學科的閱讀能力，就是所謂的「廣泛閱讀」。

興趣、識字能力、廣泛閱讀，只要滿足這些條件和能力，紙本閱讀的素養也就具備了，如此應該也足以讓孩子從現在到未來，不論是在學校裡還是出社會，終身都能享受閱讀的樂趣。

形成問題的能力

當我們遷移到數位閱讀時，仍然需要具備識字能力，以及看各種學科文本的能力。除此之外，還額外需要的是另一種重要的新技能，也就是「形成問題」的能力。

在學校教室裡，我們教導數位閱讀，要學生練習提問，目標應該不會是幫助他們尋找哪裡有好吃的餐廳？哪邊有Ubike可以用？想去某個地方要搭什麼車？這些日常生活資訊比較沒有涉及知識的判讀，也沒有更新提問者的知識系統，因此不會是我們教導數位閱讀的核心。

在數位閱讀的環節，我們想要教導學生的是「如何問一個有意義的問題」。一旦問出有意義的問題，就能幫助學生更新自己的知識系統，並且打開知識的視野。但是要問出一個「有意義的問題」，提問者需要有足夠多的背景知識，而且還不能完全複製別人的知識，如此一來，他才有機會真的透過數位閱讀，在網路上學到新知。

說到這裡，相信有人會好奇，既然數位閱讀素養這麼重要，為何學校不早一點開始教呢？當然，閱讀是一個終身持續的興趣跟核心能力。二〇〇六年，台灣第一次參加了國際閱讀素養（PISA）的大型評比，而我們也是從那時才開始把「閱讀」跟「素養」放在一起，進而看重此事。

然而，當時的整個科技環境跟現在不同。即使二〇〇六年已經有網路，環境卻不如現在友善。所以，當時多數人在推廣閱讀素養時，的確不會特別關注數位載具所帶來的豐富知識。

一起學習雙閱讀素養教學

時過境遷，現在整體的數位環境比以前更為友善，政府也開始大力推動數位閱讀素養，這跟一〇八課綱所強調的「自主學習」緊密結合。

前幾年，政府先是推動前瞻計畫，為所有的小學、國中、高中都建置基礎的網路設施，去年也開始推動「生生用平板」。當硬體都到位之後，再來就是老師的教學軟實力要跟著提升起來，支持系統要完善，如此才能水到渠成，幫助老師可以一起帶領我們的孩子，往下一個階段的目標前進。

學校透過行政支援，為老師預備好紙本跟數位的環境；老師在課堂上透過這些逐步建置的閱讀環境，幫助學生培養閱讀興趣，提供他們閱讀能力的方法，然後教導如何組織訊息、表達想法。

希望透過我們的彼此合作，可以讓進入教室裡的每個孩子，無論身在什麼學習階段，無論基礎水準如何，無論學校狀態如何，都能夠因為我們教學的調整，掌握學習的方法，成為能善用紙本跟數位工具的新時代公民。

此時此刻，每個身處教學現場的老師，都同時擁有數位時代的優勢和限制，就讓我們一起學習「雙閱讀素養教學」的這一課。

02 誰是新文盲？

二〇二二年，教育部開始推動**生生用平板**之後，教育現場正式邁入雙素養教學的新階段。其中，跨學科的**雙閱讀素養**更是核心。

在了解雙閱讀素養之前，必須先回頭檢視「素養」是什麼。我想到台灣推動素養教育的先行者柯華葳老師，曾經這樣解讀素養：「素養是什麼呢？素養是以**讀寫算**為基礎的能力，目的在確保個人得以繼續學習，發展知識與能力，以達成個人目標並參與公民社會。」

在一九四五年，聯合國教科文組織（UNESCO）成立時，宣示「要以**教育**和**素養**為基本人權」，幫助世界各地的人們，得以生活、學習和創新。而「閱讀」正是一種跨學科的核心素養。

透過閱讀，可以培養人們自學的能力，進一步去分享知識和觀點，最後能主動貢獻自己的能力，參與公民社會。也就是說，閱讀是人權。

閱讀雖然如此重要，卻非本能。閱讀的能力需要培養，從認識文字到理解文章，需要投注長久的教育資源，而不能閱讀的人被稱為「文盲」。為了消除文盲，現代國家投注大量心力興建學校、聘請教師，建立國民教育的系統，把兒童和青少年帶進教室學習，做為國家未來的儲備人才。

台灣也經歷多年的努力，致力於減少文盲。根據內政部二〇二一年的統計，台灣目前十五歲以上總人口一八九二萬中，有九九％識字，不識字的人只有十八萬五千人。尤其在十五至二十五歲的年輕人中，識字率更達到一〇〇％，文盲幾乎消失了。

雖然不識字的文盲消失了，但隨著舉世科技的進展，社會中卻出現了所謂的「新文盲」。

新文盲誕生

什麼是新文盲？依照聯合國重新定義的文盲標準，除了不識字的人之外，無法使用三C設備和網路來學習、溝通的人，稱為**數位新文盲**。

在數位時代中，由於資訊大量增生，此時需要更高階的讀寫能力，才能因應新時代讀者的需求。這個「資訊膨脹」的過程與「通貨膨脹」很類似：通貨膨脹發生時，消費者需要準備更多金錢，才能夠買到自己想買的東西；而「資訊膨脹」發生時，讀者需要鍛鍊更高階的理解力，才能收集到自己需要的資訊。在數位時代，這種更高階的閱讀理解能力，稱為「數位閱讀素養」。這樣的素養，不只孩子需要，大人也需要。

想想看，這是不是很熟悉的情景？我們在手機上收到一個訊息，看了覺得不錯就再傳出去，完全不假思索。在這樣的過程中，「轉傳」意味著我們讓自己成為過渡訊息的人，這訊息並未經過我們的消化、吸收與整理，變得更優質，也沒有因為我們思考後覺得不合理，就此停止轉傳。如果我們「分享訊息」的速度比「理解訊息」還快，如此等於交出自己主動判斷的能力，單純成為傳播鏈的一個環節。

現代人每天接收很多訊息，雖然讀得懂每個字，卻沒有進一步去思考其中內容是真是假，或者缺乏鑑別真偽的能力。在數位時代，人們接收的訊息膨脹了，如果閱讀能力沒有升級，仍停留在「識字」這階段，將會發現「識字」已不足以應付數位時代的需求，也無法發揮「理解這個世界」的力量，面臨這種困境的人，就會成為數位時代的新文盲。

更糟的是，隨著科技的演進，這個世界變得更令人困惑和恐懼，讓有心人士更容易操控大眾。其中最值得探討的是**說服科技**（**Persuasive Technology**）、**資**

料心理學和演算法。

說服科技、資料心理學、演算法

「說服科技」源於美國學者佛格（Brain J. Fogg）的發想。佛格認為，如果要讓一個人依照你的心意行動，有三大前提：**讓他產生動機（Motivation）**、**讓他知道可行的做法（Ability）**，以及**找到讓他行動的某個關鍵提示（Prompts）**。這組簡稱為MAP的三部曲，如果同時達成，就能夠操控他人。

佛格在二〇〇三年提出這個理論後，有工業設計師將之應用於產品設計的思維，也有行為學家用來研究「如何建立新習慣」。二〇〇七年，佛格開始在史丹佛大學任教後，學生運用這理論試著寫出臉書可用的APP，結果竟然在十週內聚攏了超過一百萬位用戶！

這結果使得矽谷眾多網路大公司，包括臉書、Google、IG、Pinterest等，紛紛派人到佛格的課堂取經，想要學到快速增加用戶和讓用戶「上癮」的祕訣。如今臉書在全球有超過二十億位用戶，可以說是受到佛格的啟蒙。

有這麼多用戶免費使用臉書，必然會產生大量的數位個人資料，包括我們的性別、年齡、好惡、眼球掃過螢幕上的哪件衣服、最近想去哪裡渡假……當我們使用免費的臉書時，就是允許它把我們本人當做產品，打包銷售給廣告客戶。因為臉書仰賴廣告維生，而用戶創造的資料是用來吸引廣告主的數位金礦，這也讓臉書如今一年可創造八百六十億美元（約二・五兆台幣）的營收。

要怎樣讓用戶更沉迷臉書呢？祕訣就是「為他量身打造一個與眾不同的世界」。但是臉書用戶分布在全球不同國家，每個人的狀況也都不同，那麼要如何呈現個別化的螢幕風景呢？若光憑人力當然做不到，這時就輪到工程師編寫的演算法程式登場了。

演算法（algorithm）簡單來說，就是「為達到目的所使用的運算手段」。舉例來說，每位臉書用戶在小小的手機螢幕上，應該看到哪些訊息，才能讓他滯留在臉書的時間更長、更久（因為這樣才有機會看到更多廣告）。這些跳出的訊息，就是演算法發揮功能的結果。

結果，佛格的說服科技理論加上演算法，成了史上最強的ＡＩ（人工智慧）機器學習機制，ＡＩ在用戶每次使用臉書後，都會不斷進化，目的就是更精準掌握用戶的個資，結合大數據的演算，在社群媒體中為每個用戶打造的「真實幻境」，進而投其所好，精準投放廣告。其實早在ChatGPT風行之前，在數位世界活動的我們，早已被ＡＩ技術鎖定而成為商品，出現在手機螢幕上的「猜你喜歡」，就是演算法運算的結果。

這些ＡＩ演算法起初雖然由人編寫，看似可控。但是投放到網路世界後，卻擁有了自己的生命，最終出現令人意想不到的結果。

同溫層的魔力

在二〇一五至二〇一六年，YouTube上出現一系列倡導「地球是平的，不是圓的」的影片。剛開始看到這些影片的人，一定會覺得這主張太荒謬！但隨著YouTube演算法推播更多地平說的影片，有些人因此慢慢轉變態度，接受了這個主張，而且深信不疑。他們得出一個陰謀論，認為這世界上知道真相的人，透過至高權力遮掩地平論的事實，以此矇騙全世界的人，達成自己統治世界的目的。這些地平論者不乏知識份子和富豪，雖然他們的主張不見得被家人與朋友認可，但可以在YouTube裡找到同溫層，此後地平說支持者逐漸壯大，甚至還成立了地平說協會。

地平說的擴散證明了一個事實：演算法讓社群媒體成為傳播各種未驗證「陰謀論」的溫床。陰謀論能吸睛、擴散並創造同溫層，進而造成討論，這些都能延長用戶的停留時間，而對社群媒體來說，用戶的時間就是金錢。

「說服科技」加上「大量資料」再加上「廣告客戶」，所能發生的最糟狀況是什麼？就是發生於二〇一八年，左右美國總統大選結果的劍橋分析公司（Cambridge Analytica）洩密事件。如今回顧這事件最後造成的結果，幾乎動搖了美國建國以來的民主體質。各方專家見微知著並著書論述，憂心民主的末日是否即將因此到來。

民主的末日

二〇一六年六月，英國透過全民公投決定脫離歐盟。同年十二月，美國總統大選由川普勝出。這兩個看似毫無關聯的政治事件，卻在兩年後因為一家公司曝光，令舉世譁然，竟有人能靠著網路運作來讓英國脫歐、川普當選！

這家名為「劍橋分析」的公司，主要是為客戶進行大數據分析，並且提供顧問服務，特別專精於操作選情。二〇一八年，該公司裡有位吹哨人向媒體示警，聲稱劍橋分析透過臉書的心理測驗，不當收集超過八千七百萬筆用戶資料，交叉分析出用戶的政治傾向，並且結合**資料心理學**，幫助特定候選人在選戰中獲勝！[1]

為什麼資料心理學可以操控人心呢？吹哨人表示，在民主國家中，中間選民通常是左右選情的關鍵，因為他們沒有特定的政黨認同。這些中間選民可以分成開放型（Open）、嚴謹型（Conscientious）、外向型（Extroverted）、親和型（Agreeable）、神經質型（Neurotic）五種特質（簡稱為OCEAN），還可以再交叉組合成三十二種人格特質，形成「心理圖像」。

實際操作時，一個廣告最多會有三十個版本，將不同的關鍵字放在不同的社群媒體上，看看哪些版本對哪些類型的用戶有效，在後台記錄並調整，如此用數百種演算法反覆操作。最終，高達九五％用戶可以被「精準鎖定」，從而對自己手機上推播的訊息，產生新的認知、新的情緒和新的行動。

1 作者注：出自《操弄：劍橋分析事件大揭祕》（*Targeted*）。

把選民歸類後，公司就可以預測選民的政治偏好，之後再鎖定他們最常使用的網路平台，巧妙餵食資訊。只要針對不同特質的人，設計特定的文字或影片（無論真偽），再加上投放精心設計的網路廣告，最終就能操控他們投票的結果。

這聽起來似乎不太可能？但在二〇一六年春天，劍橋分析受託為英國脫歐宣傳，就是用這樣的技術使結果成真。同年十二月的美國總統大選，劍橋分析受託投放一億美元（約三十億台幣）廣告，運用心理圖像的剖析，在網路上投放不同訊息：針對共和黨的鐵粉，鼓吹他們捐錢、當志工；針對中間選民，設計訊息讓他們討厭希拉蕊；針對希拉蕊的支持者，則鼓勵他們不要去投票。

如此精細且前所未有的科技助力，將川普推上總統寶座。劍橋分析的創辦人班農（Stephen Bannon）甚至因此進入白宮成為總統幕僚。

提出眾多激烈政治主張的川普當選，讓西方政治學者開始反思：民主政治是否已經走到末日？網路科技造成的社會對立，的確已讓民主政治出現病灶。

政治學者大衛・朗希曼提出警告：「在依賴科技的世界裡，精明的政治操控者就是霸主……他們對選民精準鎖定，用機器產出的訊息和假新聞去觸發選民的偏見。這種技術如果落在錯誤的人手上，有可能宣布民主的終結。」[2]

單面向的人

民主社會中的多元觀點，原本應該透過充分交流而達成共識。但因為演算法的濾鏡操控了極端民意，反而讓那些立場偏激、原本不可能當選的候選人影響選民，最後經由選舉獲得了權力。

任何一個公共議題，本來就會有多方觀點，當這世界沒有演算法時，即使我們相信A觀點，但偶爾也會看到做為平衡的B或C觀點。但演算法知道我們的

2 作者注：出自《民主會怎麼結束》（*How Democracy Ends*）。

心意，便只餵食認同A觀點的訊息，每天不斷在腦中擴散並強化認知，讓人認為全世界都跟自己站在同一邊。近年來由於這樣的機制，人們在公共議題的討論上變得愈來愈困難，因為演算法為每個人打造專屬於他的認知世界，與別人並不相容。如果這種情況繼續下去，眾多公共議題無法進行周延、多元的討論，我們得來不易的民主就會消失。

這也是如今我們每天面臨的處境，一旦被某一種固定的訊息包圍住，幾乎就完全看不到另外一邊的看法，這恐怕會讓人成為另一種「看不到不同立場」的數位新文盲。

不只是大人遭殃，孩子也深受其害。年幼的孩子每天接觸像抖音那樣的短影音，將不斷在演算法的操控下，固定吸收某一類型的訊息，如此一來便無法拓展他對真實世界的了解。

在這樣的數位世代裡，不論是大人或小孩，如果我們閱讀的能力沒有升級，沒有具備這時代所需要的思考力，僅只停留於「識字」，就會成為哲學家赫伯特・馬爾庫（Herbert Marcuse）所說的「單面向的人」，也就是對於自己所處的現實，已失去了檢視及多方思考的能力。

若一個人對這世界的所有了解，都是從「網路上的別人」那裡得知，代表他正在失去獨立自主的權力。

擺脫無差別的閱讀

新文盲不分老少。不論是對父母或老師來說，我們現在每天綜合紙本和數位內容，閱讀量確實遠超過以往。對大人來說，要讓自己不淪為新文盲，方法其實非常簡單：每當有訊息送到自己眼前時，第一步是先去想：「這訊息跟我之前知道的，有沒有不同？」

舉例來說，很多大人會收到補習班傳來的各種訊息，有時候乍看那個訊息，我們心裡就會受到影響。這時只要停下來想：「這個我本來知不知道呢？這是新的，或者只是換句話說？」一旦停下來思考，若發現：「嗯，它又推播一樣的東西給我。」就可以拒絕點閱。當你拒絕一次後，演算法就會知道無法再給你這樣的內容。

有時候，如果你的手機上出現以前從未看過的全新內容或知識，這時要問自己的是：「寫這個訊息的人，想要影響我什麼？」一旦提出這樣的問題，就可以進一步探究作者的意圖，進而做出判斷，決定要接受或拒絕這些內容。總之，大人在忙碌的生活裡，若能停止無差別閱讀，懂得辨識內容是否重複，並且了解作者的寫作意圖，就能避免成為新文盲。

台灣的識字教學絕對成功，在如此成功的前提下，大人可以一起想想，如何培養我們的孩子，在這個新世代中成為能思考的讀者。若孩子可以思考，不論他拿到的是紙本或數位，都能擁有獨立思辨的本能，擁有一種透過閱讀而來的力量，並且不至於成為新文盲！

在此，我想邀請大人們一起來承擔責任，透過雙閱讀素養的教育，教出下一代的優讀者，打造一個沒有新文盲的未來。

03 從學校開始培養雙閱讀素養

當文字與知識訊息的承載工具，同時出現原本的紙本形式及新的數位形式時，最有可能的發展方向會是「兩者並存」。紙本閱讀並未被取代，數位閱讀也同時存在，這就是我們所說的「雙閱讀素養」。

為什麼我們要特別去談數位閱讀素養？因為在數位閱讀的情境裡，雖然有許多能力跟紙本閱讀一樣，但是也存在一個非常特殊的現象，就是所謂的「數位新文盲」。

身處於數位環境裡，我們每天上網閱讀很多資料，而對於所看到的內容，經常不假思索信以為真。但是，這些唾手可得的資訊其實真假難辨。有鑑於此，數位閱讀的讀者，需要發展出高階的「理解監控」能力，也要不斷自問：「我現在閱讀的訊息，是不是我想要知道的？這些訊息是真的嗎？」在學理上，我們稱這樣的能力為「後設監控」。

這跟紙本閱讀有相似之處。在進行紙本閱讀的時候，如果想要培養高階的閱讀能力，希望讀者能發展出「批判性思考」，我們會鼓勵讀者對讀到的內容自問：「這個人這樣說，我同意嗎？我覺得他說的是真的嗎？」

只是想在數位時代培養這樣的能力，確實比以往紙本閱讀的時代困難許多。所以，身處教育現場的第一線教育者，不論是國小老師乃至於大學老師，我們都必須面對一個事實：這世界因為各種科技通訊產品的變化，帶來極為巨大的挑戰！因此，身在民主社會中的我們，想要培養下一代公民應該具備的閱讀素養，從而促進社會共好及參與世界，這件事的難度比以前高出許多。

搶在抖音、YouTube之前，培養廣泛閱讀的興趣

在這麼困難的現實中，教師要負擔如此艱鉅的任務，就需要有與彼此「同在」的承擔。一言以蔽之，不管世界其他人是否覺得閱讀依然重要，教育現場第一線的教師應該都會同意，不論時代怎麼改變，閱讀是不會改變的重要素養。如此一來，我們可以做的事情有哪些呢？

首先，就是培養下一代共通的基本識別能力。在國小一、二年級時，不論學生的家庭背景如何，老師要幫助他們都擁有平等的機會：能讀能寫，能夠在學校的幫助下，認得所在環境裡的所有符號，擁有識別世界的能力。

我們這樣的努力，是為了讓孩子能靠著老師的帶領，脫離文盲的處境，感受到閱讀這個世界的亮光。

一旦能力被強化，孩子變得擅長閱讀、愛上閱讀，就不會只停留在別人給自己的素材，而是開始廣泛閱讀。即使身邊有各式各樣的數位影音，例如YouTube

或抖音的短片，但由於學校的作為讓學生意識到，透過自己閱讀所得到的樂趣，遠勝過那些網紅給的娛樂。

如果孩子從小就不擅長閱讀，不覺得閱讀是種樂趣。隨著年級慢慢增加，他也無法去接觸更多樣的文本，發掘更多文字的意義和美好，當然更不可能透過閱讀新知，在這種學習過程裡形成自己的看法。

也就是說，現在國小老師有個相當不容易的任務，即是搶在抖音與YouTube之前，幫助孩子培養廣泛閱讀的興趣。

數位時代的讀寫平衡

在廣泛閱讀之後的下一階段，就是「組織訊息，表達自身的論述」，這也是小學老師們所說的「讀寫平衡」，有讀就要有寫的能力。雙閱讀素養教學所說的讀寫平衡，是指「以輸出為導向的輸入」，意即在課堂進行有目的、有任務的閱讀，學生讀完後必然伴隨著不同形式的發表。

閱讀素養的能力包括讀跟寫，就是「理解符號」跟「使用符號」。老師應該會有這樣的觀察：大多數人都擅長使用數位載具閱讀及下載訊息，但通常很少在數位環境裡上傳自己的看法。

這表示**大多數的人使用數位環境，其實只使用了一半**。許多人沒有養成在網路上提出意見、形成趨勢的能力，而是被動的接收資訊，任由網路演算法向我們推播訊息。

聯合國教科文宣言在二〇〇五年就曾提出，網路時代的學生需要習得使用「資訊與通信科技」（Information and Communication Technology，簡稱ICT），以及掌握在網路上發表意見的能力，而且是可以形成建議，**真正促成社會共好的那種意見，才是我們教學的重點**。

換言之，許多老師可能都聽過或看過「鍵盤酸民」，這些人從來不表達立場，但是會在網路上留下負面訊息，既無助於共好，也無助於形成具體建議，無法讓社會往更好的方向移動。

所以從閱讀教學的角度來看，數位世代非常容易使用ＩＣＴ去影響別人，這點不容忽略。既是這樣，我們就必須意識到，**使用ＩＣＴ進行訊息組織、表達自身論述，這樣的寫作能力，勢必要成為新時代的教學承擔。**

雙閱讀素養教學指標

	自主學習中的數位閱讀能力（Skill）	紙本閱讀（或非數位載具的閱讀能力）
搜尋與瀏覽	A1 擬定檢索內容（設定關鍵字）	可使用關鍵字在圖書館資料庫中搜尋資訊
	A2 運用搜尋介面中的進階檢索功能定位目標圖文訊息	
	A3 找出與閱讀目的有關且明顯的網頁（relevant 1）	可從圖書館的目錄中找出與學習目的有關的訊息
	A4 能追蹤網頁瀏覽過程	能記錄搜尋與瀏覽的歷程
評估	B1 能依閱讀目的評估該訊息的有用性（useful）	能依閱讀目的評估文本訊息的有用性
	B2 能從所閱讀的網頁中找出與閱讀目的有關且明顯的訊息（relevant 2）	能從文本中找出與閱讀目的有關且明顯的訊息
	B3 能評估網站的觀點或立場（包括看法、偏見）	知道作者（或期刊、知識來源）的立場
	B4 能判斷網站訊息的可信度	能評估文本訊息的可信度
	B5 從已篩選出的網路資訊中，選擇出最適當、可行和有用的網站。	從已累積的訊息中，選出最適當或有用的文本
	B6 能依閱讀目的摘要出網頁的重點	能閱讀文本的摘要

整合	C1 描述文章和圖像間的關係	圖文整合的閱讀策略
	C2 針對閱讀目標進行跨網站間的圖文訊息比較及統整。	多文本閱讀的比較與對照
	C3 歸納來自不同網頁或網站的訊息	多文本閱讀的歸納
	C4 從多個網頁或網站得出結論，並能使用網站資訊支持所提出的論點	多文本閱讀的統整
組織和呈現	D1 清楚表達出符合任務、目的及讀者觀點的文章或訊息	同D1
	D2 使用科技（包括網際網路）撰寫並發表文章、與他人互動、聯結其他訊息活動	同D2
	D3 清楚適當引用或改寫他人的資料及結論	同D3

資料來源：教育部國民中小學課程與教學資源整合平台（CIRN）

part 2

教出優讀者

從紙本閱讀開始，奠基深理解

01 這個時代，還需要教紙本閱讀嗎？

有了三C產品之後，只要搭配網路，所有人都可以在彈指之間，取得過去沒辦法觸及的知識與訊息。對學校來說，面對數位世代，「學海無涯」變成教學最大的挑戰。

一個孩子接到校外教學的通知，發現行程上有個自己沒去過的國家公園。他一時好奇上網查詢，發現一個關於國家公園的網站，裡面不但有這個國家公園的訊息，還有全台灣所有國家公園共通的議題，包括全球暖化的影響、生物多樣性的重要，以及生態旅遊的規劃、無痕山林運動（Leave No Trace，簡稱ＬＮＴ，意指不造成環境、生態負擔）的倡議。

另一個孩子因為聽到新聞不斷推播，人們已有各種到外太空旅行的方式，便上網搜尋，彈指間就找到科技部提供的《科技大觀園》網站，發現〈週日閱讀科學大師〉的影片，看到許多關於天文、水文甚至人工智慧（ＡＩ）的深入解說，點開任何一則，都如同進入大學的旁聽席，可以隨時聆聽各科系大學教授的完整講解。

如果孩子擁有外語的專長，那麼他能觸及的網路資訊將會更多、更廣。成長於數位時代的孩子，很自然享有網路帶來的大量知識庫，這是人類歷史上前所未有的豐富文明饗宴。

但對於在數位時代教學的老師，這也帶來巨大的挑戰。老師自問：「我該教什麼、怎麼教，才能讓孩子們面對未來的挑戰？孩子們該學會哪些在網路上學不會的能力，才能成為數位時代的人才？」

這些來自「教」與「學」的雙重挑戰，正是目前老師最大的困惑。

螢幕劣勢效應

有些人會好奇，是不是只要連上網路，就能有效學習呢？是不是有了電子書，就可以拋開紙本書呢？一群學者在二〇一八年之後陸續發表了論文，[3]針對過去做的實證研究，比較了數位閱讀跟紙本閱讀的讀者，想知道究竟哪種讀者表現會更好。

經過統計，以結果來說，如果閱讀同樣的素材，紙本閱讀者的理解程度，在更多時候高於利用數位載具的讀者。學者們發現，當我們在進行數位閱讀時，的確會受到載具螢幕的影響而淺嘗即止，並且稱此為「螢幕劣勢效應」。

從演化的脈絡來說，大腦似乎還是較擅長紙本閱讀，在閱讀紙本時理解更為深刻。或許也可以說，受測試的大學生及成年人，相對於數位閱讀，較能掌握閱讀紙本的策略，更容易進入深度閱讀的境界。

那如果將測試者的年齡下修，測試出生後就接觸三C的「數位原住民」，情況又會如何呢？結果發現，紙本閱讀跟數位閱讀的差距確實縮小了，但還是紙本閱讀略居上風。

雖然紙本閱讀仍有好處，卻擋不住數位閱讀的潮流，因為如今我們已生活在兩者並存的世界。大多數人若對紙本書的內容有困惑，很自然會拿起手機查一下，為心裡的疑問尋找解答；在網路上看到有人推薦好書，透過幾個按鍵就能直通網路書店，將紙本書買回家慢慢細讀。

3 作者注：以下三篇相關資料可供參考。
（一）Don’t throw away your printed books: A meta-analysis on the effects of reading media on reading comprehension.（Pablo Delgado , Cristina Vargas, Rakefet Ackerman, Ladislao Salmerón | Educational Research Review 2018）
（二）Meta-analysis: Reading on paper improves on reading comprehension.（Paulette Delgado | Observatory of the Institute for the Future of Education 2019）
（三）A compression of children’s reading on paper versus on screen : A Meta-analysis（May Irene Furenes, Natalia Kucirkova, and Adriana G. Bus|Review of Educational Research 2021）

另一方面，探索數位世界也伴隨某些風險，包括容易接觸到假訊息、容易上癮等，那麼該如何面對這樣的情勢呢？做為在教學現場的老師，我們既無法捨棄紙本，也無法忽視豐富的數位內容，同時又希望學生能避開數位世界的危害。此時此刻，我們需要學會的就是「雙閱讀素養」的教學。

穩住紙本閱讀

前面提到的幾個研究，都提出一個共通的看法：如果先培養學生紙本閱讀的能力，協助他們從基礎閱讀進化到深度閱讀，並且將這種能力有效延伸到數位閱讀，如此一來，他們就可以兼有雙重素養，同時享有兩者兼具、加深加廣的延伸資源。

所以，就讓我們從紙本閱讀開始。

02 紙本閱讀第一問 誰來教閱讀素養？

很多老師一定會想：「小時候沒有人教我閱讀，也沒有人教我方法，不是一樣學得很好嗎？」如果「提升閱讀力」是普遍共識，即使現今有些孩子的閱讀能力看起來還不錯，但我們仍希望他們能比我們更好！因為隨著數位時代來臨，現今孩子所面臨的環境，比當年的我們有更多新知，所以他們更需要磨練出深刻的閱讀力。

為了能提升閱讀力，台灣的老師們決定從小扎根，在二〇〇〇年推動「兒童閱讀年」，為孩子提供很多有趣的兒童繪本。二〇一〇年，我們也推動了「科普閱讀年」，希望孩子在廣泛閱讀的時候，除了讀有趣的文學作品外，也可以讀到各種科學新知，並因此具有學習的素養。

從量讀到精讀

在持續推動閱讀以提升閱讀力的過程中，我們更希望可以從廣泛的閱讀（量讀），進一步帶領學生掌握學習的方法，我稱為「閱讀有方」（read to learn），也叫做「精讀」。

「閱讀有方」的目標是為了達到精緻閱讀，也就是期望讓孩子受到啟蒙，進而超越我們，並且因為擁有此時此刻所需要的閱讀能力，得以承受未來要面對的各種競爭。

從量讀到精讀，也能以閱讀發展的角度來思考。

在促進兒童閱讀的各種環境中，我們讓孩子藉由隨手可得的書學會閱讀。之後，當孩子進入國中階段，開始面對許多教科書時，他們不再是單純享受閱讀的樂趣，還要能在教科書裡學到新知識。

面對這麼多本教科書，如果我們的孩子能掌握閱讀方法，就有機會以此學習數學課本裡完全不熟悉的主題，或者因為具備閱讀方法，能將教科書裡濃密的訊息記得更牢靠。當然，面對國文課本裡那些深刻的文學內涵，孩子也可能因此讀出言外之意。

為什麼要讓孩子學會有方有法的閱讀？因為相關文獻研究發現，當一個人掌握了閱讀的方法，就會從「被動的讀者」成為「主動的讀者」。一旦他成為主動讀者，就能主動設定閱讀任務，進而去思考即將要讀的課本，並且研究在充滿濃密訊息的教科書裡，應該怎麼調節自己的學習速度。

因為孩子一邊閱讀，一邊思考如何讓自己理解得更深刻，所以能在閱讀時就提出問題與老師討論。此外，由於是主動閱讀，所以學生讀完後不會很快闔上課本，說：「老師我懂了！」而是會先停下來問自己：「我到底懂了多少？」「我是不是記得夠深刻了？」一旦能夠熟練運用這些方法，孩子就會蛻變成一個有策略的讀者。

從被動讀者變成主動讀者

到底什麼是「閱讀策略」？其實就是在讀文章的時候，能有意識運用一些方法，幫助我們理解得更深刻，或是把很濃密的訊息記得更牢。這些方法可能是做筆記，可能是自我提問，也可能是看著標題去想像「接下來課本要說什麼」。不論使用什麼方法，也不管專有名詞是什麼，只要你運用某些方法幫助自己理解、記憶，就可以稱為是「有策略的讀者」。

許多老師當年可能就屬於無師自通型的讀者：老師可能沒有教過讀書的方

法，但是他們自學成才，明白了一些課本上的重點，例如漢朝跟唐朝的衰亡有哪些異同；或是在讀生物課本時，透過獨特的筆記方式，看出維管束裡的木質部、韌皮部的相似與相異處。

但其實許多孩子都需要幫助，必須有人教導他什麼是閱讀方法。換言之，我們不僅要教孩子怎麼認生字、生詞，也需要讓他們知道如何讀得更深刻。既然閱讀是如此重要的事，在這麼多科目裡，到底應該由哪一科老師來教孩子閱讀呢？

多數人的第一反應通常是「國文老師」。當然，國文老師一定可以教導我們的孩子，怎麼將課文理解得更深刻。例如從〈陋室銘〉這一課來看，許多國文老師除了為學生解釋字詞外，也都會幫助他們找到句子段落間的關係，像是透過提問幫助孩子思考：為什麼在文章的最後，作者要引用孔子說「何陋之有」？這個何陋之有，跟「斯是陋室，唯吾德馨」這段落內的關係，到底是什麼？所以，國文老師當然可以教導孩子，如何透過閱讀去理解文章字裡行間的言外之意。

從主動讀者變成自學者

但其他學科在閱讀教學中也很重要。不論是哪個學科的老師，都值得一起進行閱讀教學。每個學科都具有特殊性，例如閱讀歷史，需要知道時間的變化，也要知道在一個國家的興衰中，怎麼藉由地理圖片標記國家疆土。此外，歷史課本裡面的各種小框框，都可以幫助孩子學習如何閱讀。

若每位學科老師都能花一點心力，在課堂上進行閱讀教學，我們的孩子就有機會練就全面的自學力。這裡所說的「自學力」，並不是指讓學生離開學校自己學習，而是「具備學習動機和好奇心，樂於自己找尋學習資源的能力」。

在沒有網路的時代，學校是主要的知識來源，老師的工作是把專業知識拆解成學生可消化的片段，然後按部就班、有系統的教給學生。所以在數位時代來臨前，老師確實是主要的知識傳播者。

但現在知識隨處可得，每個孩子透過手上的載具，都能接觸到豐富的學科知識。如果知識已經無所不在，我們身為老師，相信都會希望孩子有機會隨時想學就能學。即使我們不在孩子身邊，無法現身為他拆解知識，但因為曾教過他怎麼讀這個學科的文本，以及怎麼判讀這個學科重要的知識點，所以孩子隨時都能不間斷學到相關的學科知識。

因此在學科教學中，我們可以導入適合該學科的閱讀策略，引導學生從被動聽講轉為主動閱讀。說不定這樣一個小小的改變，就是讓我們能在課堂中拔尖扶弱的起點。

03 紙本閱讀第二問 要教什麼？

經過前面的思索，現在大家或多或少都能了解，的確每一科老師都可以做閱讀教學。

一旦如此，下一個提問就是：「要教什麼？」每個學科領域都有自己的教材教法，所以到底應該教什麼？而且要怎麼教呢？

關於閱讀的教材教法，其實以紙本的閱讀素養來說，最基本的方法是**回到課本**。因為閱讀是跨領域的能力，只要回到課本，每本課本都是最好的教材，而且每個孩子手上都有同樣的課本，這是最公平的起點。

事實上，我們的國中與高中課本承載非常多的知識，也是習得新知的最佳材料。當孩子手邊有課本時，我們運用這樣的素材教他讀懂內容，讓他學會閱讀的方法，從這裡出發，如果孩子之後有機會用到數位載具，就能夠加以結合，形成無處不在的學習。如此，我們就一起開啟了孩子終身學習的能力。

當老師們聚在一起的時候，經常會說：「我們的孩子自己讀不懂課本。」多數老師在學生讀不懂課本時，總忍不住急著告訴學生哪裡是重點，並解說重點的來源是什麼，幫忙補充各式各樣的知識。

但如果今天孩子可以隨時在網路上學習，他更需要學會的是**讀懂課本的能力**。只要可以讀懂課本，能透過閱讀學習新知，這樣就養成真正帶得走的能力。即使老師不在身邊，但因為學生習得了閱讀方法，就會知道如何把複雜的課本理出頭緒。

找出學科概念之間的關係

在教「閱讀有方」（read to learn）的過程中，我們可以先來想想，學生最重要的學習方向或學習目標是什麼。

第一個階段，應該是**找出學科概念之間的關係**，這也是所有老師在做學科教學時的重點。

以台灣的主要地形為例，社會課本說，台灣的主要地形有高山、丘陵、平原、盆地、台地，但是所有老師都知道，我們並不希望孩子只是零碎知道這些地形，所以會告訴他們把哪些重點劃下來，而且提醒他們，要注意高山跟丘陵哪裡不一樣，也會告訴孩子怎麼區分盆地跟台地。當我們告訴孩子這些事情的時候，其實就是在「找出學科概念之間的關係」。

老師們都是有經驗的讀者（以下簡稱優讀者），以大家身為優讀者的功力，很快就可以從課本的文字和圖片、圖表看出一個道理：原來要辨別台灣的主要地形，不外乎就是兩個原則。首先，可以用「地形的起伏」來判斷是丘陵還是台地；或者也可以從「海拔高度」來判斷是平原還是高原。透過這樣的判斷，就是找出概念之間的關係。

同理，如果我們能夠教導孩子讀出概念之間的關係，其實就教會他閱讀的方法了。一旦孩子能讀出概念間的關係，就不只學會了閱讀方法，同時也學會了老師本來打算教給他的學科知識。

用學生的眼睛看課本

過去我們在教材教法上，最常採用的方法是去思考：**學生要學這個知識，需要經過哪些階段才能學會？**同樣，如果現在要教學生怎麼閱讀，我們就要知道學生通常是怎樣閱讀課本。

我們中心的研究員以實驗室的眼動儀來收集學生閱讀的動線，並將之拍成影片，結果發現：影片中的孩子以緩慢的速度瀏覽每一字、每一行的內容，努力消化學科知識。孩子的眼球有時會移動到標題，這表示他關心標題帶來的訊息。有時候，孩子的閱讀並不是永遠往前，而會有來來回回的過程，這意味著他正嘗試找出概念之間的關係。當然，大部分的老師在課堂上，並沒有機會看見這種即時動態的眼動歷程。這影片主要是讓大家知道，課堂上的孩子確實有認真閱讀，而且需要我們教他怎麼讀。

那麼，我們該怎麼按部就班去教學生「如何閱讀」？

影片顯示了學生在閱讀時，可以讀懂每一個字，但是在來來回回的眼球運動過程裡，我們看出孩子不見得懂每一個詞。視線這樣來回巡梭，意味著他可能不太熟悉怎麼找出「原來，地形的起伏跟平坦，其實都是描述地形的外貌」，所以讀到這裡時，他遇到了困難。

雖然地形起伏跟平坦是相反詞，但學生可能還沒有能力從中找出「上位概念」。他為此反覆閱讀，努力想要學習進化，希望能像我們一樣，可以辨識出文章的重點，或者知道哪一些是支持文章重點的細節，而哪一些細節其實可以暫時放開。

先讓學生找出不懂的詞彙

從前述學生的閱讀狀態，我們可以進一步來想：老師在課堂裡要教什麼？

首先，所有的學科閱讀都有很多新詞彙，所以會建議老師可以先教**「如何理解詞彙」**的方法，有個很好的教學方法是：先讓學生主動找出不懂的詞彙。

因為有些孩子自我感覺良好，誤以為課本裡的詞他都懂，當老師問：「懂了沒？」他可能會很快樂的回答：「懂了。」但這時他可能就會忽略，「地形的平坦跟起伏」與上位概念有關。但也有些孩子會低估自己，誤以為書上全部都是生詞，自認全部都不懂。不論是哪一種孩子，都需要老師的教導，以免片面認為自己都懂或都不懂。

再以國中的地理課本為例，我們會看到其中提供孩子一些專有名詞的解釋，也就是現在課本的單元「充電站」。而這個充電站，可以幫助孩子去了解新名詞，例如「什麼是喀斯特地形」。

如果孩子認為課本上全部是生詞，自己什麼都不懂，那麼可以引導他去看一看上下文，如此一來，他可能會發現其實沒有那麼難懂。例如在東歐的地理環境裡，孩子會以為自己不懂俄羅斯，或者不知道什麼叫「地中海」。但透過書名號之類的標點符號線索，學生有機會知道這是地名的專有名詞，也就不用太擔心自己看不懂。一旦有這樣的線索，孩子就有機會知道如何深刻的閱讀詞彙。

讀出言外之意

除了詞彙外，老師也可以教導孩子找出字裡行間的言外之意。

同樣以我們的地理課本為例，地理課本說：「東歐北起波羅的海，東與俄羅斯接壤。」其實對一些孩子來說，看到「北起」跟「接壤」，他不見得覺得這是在介紹東歐的疆界。繼續往下讀，課本說到東歐的東西南北跟哪些地方交界後，就談到這區域的族群與宗教複雜，紛爭不斷。孩子讀到這裡時，可能也沒有感覺到，為何這樣與各區的交界，會**使得**族群跟宗教複雜？

事實上，這裡的「**使得**」就是在告訴讀者，你要去想前面是什麼原因，導致了這樣的結果，這是一個**描述因果**的句子。所以在教導孩子理解句意時，可以讓他們去注意課本字裡行間特殊的線索。

地理課本也提到：東歐的地形破碎複雜，以東西橫亙的這座山脈，分成了南北兩個部分。地理老師都知道這裡說的重點：東西橫亙，就會自然而然將空間分成南北。所以在這種時候，如果孩子可以找出字裡行間的關係，那麼對接下來課本介紹北部有什麼、南部有什麼，就不會覺得那麼陌生。

找出段落之間的關係，化繁為簡

教了詞彙及句子的關係後，進一步要教孩子的是「找出段跟段之間的關係」。尤其是面對大型的重要考試，例如模擬考、會考、學測，孩子需要把課本裡每一段之間的關係，形成一個更完整的學科概念。

關於段落間的關係，這裡可以用生物課本舉例。學生在生物課本中學到，植物體內的物質運輸有三個自然段。三個自然段裡，第一個自然段是告訴我們，植物體內的維管束負責其體內的運輸，也就是我們經常說的**總說**，之後則是在有兩個分說的兩個自然段，告訴我們維管束利用木質部運送了什麼，再用韌皮部運送了什麼。

對所有老師來說，我們很容易區辨這三個自然段的第一段是總說，而後面兩段都是為了支持第一段的說法。因為知道這種概念之間的關係，所以我們就能把這麼濃密的訊息，瞬間轉成概念構圖。

因為能看出總說、分說的關係，我們得知在木質部的運送裡，水分的運送只有一個方向，而在韌皮部的運送裡則有兩個方向。也就是說，因為我們懂得找出段落之間的關係，所以懂得用「運送方向」將這個複雜的概念化繁為簡，並因此記得更牢。

找出相似的概念加以比較

在段落形成的總說跟分說之間，可以運用哪些重要的概念，形成我們最常用的概念構圖？

過去教孩子畫概念構圖，其實就是一種閱讀方法，讓他們因此理解得更深刻，這也是大部分老師在課堂上常用的方式。只是，我們建議老師在畫概念構圖時，可以邀請孩子更常回到課文裡，讓他自己先找出詞彙，找出句子之間的關係，再來填上概念構圖。過去老師做為學科專家，在幫孩子完成概念構圖時，可能一不小心就做了太多補充。現在，因為要教孩子讀出段落之間的關係，教孩子用概念構圖的方法自己消化吸收，就能教導學生用閱讀方法讀出深度。

找出段落關係的另一個方法，是**「比較相似概念」**。有時候我們畫完了概念構圖，仍會發現孩子好像記得不夠深刻，這時我們可以慢下來，邀請孩子想一想：「如果我記得不夠深刻，有沒有什麼方法能幫助自己記得夠深刻？」

例如一樣是植物的**運輸**，為什麼韌皮部的養分運輸可以有兩個方向，而木質部的水分運輸就只能有一個方向？這在課本裡都有很明確的解釋，如果讓孩子把這明確的原因找出來，就會對學科知識有更深刻的了解。

這個時候，因為要進行相似概念的比較，我們會幫助孩子把相似概念找出來，再將可能的原因想得更清楚。一旦孩子可以想清楚，他也就學會了。

分辨重點，找出支持重點的細節

教會孩子識別段落之間的關係跟閱讀方法後，最後值得教的是「分辨重點」，以及找出支持這些重點的細節。

接下來透過歷史課本舉例說明，其中有一段是讓讀者看到兩漢的盛衰。在歷史課本裡，孩子一定要知道歷史事件的主要時間點，還要能夠知道這些時間點之間的關係跟原因。所以我在教學時通常會告訴孩子，哪些重點很值得記下來。有時候，我們也會邀請孩子自己先劃重點。但有經驗的老師都知道，對許多孩子來說，全部都是重點，也就是說，他們分不出哪些是重點，哪些是細節。

學生之所以會把整個課文都劃起來，表示他知道漢高祖建國是個重點，但之後的說明，例如漢高祖休養生息，雖然知道這跟前面的建國有關，但還無法理解這段歷史的架構和脈絡，這表示他暫時還不知道：應該先抓住主要重點，然後用細節來解釋，就像前面提到木質部跟韌皮部的總說與分說。

教會孩子分辨重點與支持重點的細節後，就算他將課文通篇劃線，至少會學到：重點跟細節可以用不同的顏色標出來。

另一方面，如果想比較「漢武帝跟漢高祖的作為有什麼不同」，他一樣可以去比較各自的細節，思考漢高祖的無為而治與漢武帝的積極作為，對國家帶來了怎樣的前因後果。

我也要邀請每一位老師，試著以全新讀者的眼光，拿起你不熟悉的學科課本，運用前述的幾個閱讀方法。例如歷史老師可以找生物課本來讀讀看，也許會發現自己再也不怕其中的專有詞彙，即使生物不是自己的本科，也可以讀出重點、分辨細節。

若你能透過這些閱讀方法找出非專業科目的重點，那麼你班上的孩子自然也可以學會重點式的閱讀了。

04 紙本閱讀第三問

如何將閱讀教學融入學科教學？

提到要在課室裡面教閱讀，有很多學科老師會告訴我：「明蕾老師，您難道不曉得我們現在課都上不完嗎？」在閱讀教學的理想跟課程現實情境之間，總會遇到教學時間的為難。還沒有增加閱讀教學之前，老師光是要把原本課本的學科知識教完，就已常常力有未逮。所以，關於教學時間的兩難，我們試著從下一頁圖片來思考。

關於學科知識的教學，由老師直接講述，的確可以把每個概念說得非常清楚，但是老師一直說、一直說，孩子的學習興趣就一直降、一直降。當老師苦口

教學時間的兩難

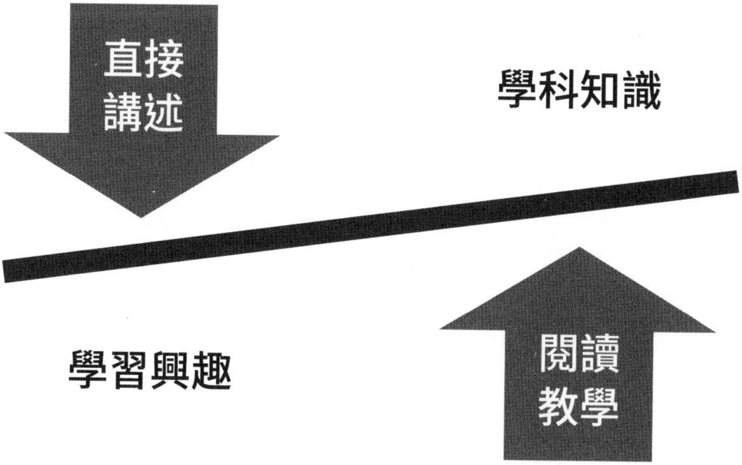

婆心而學生沒有興趣時，這樣的過程讓雙方都疲累。但閱讀教學是教孩子帶得走的能力，雖然學習進度好像會慢一點，不過因為孩子可以參與，所以他自己會愈學愈有趣。

因為學生的閱讀能力增加，具備與課本對話的能力，就有機會從本來的興趣缺缺轉為愈學愈多。所以，教學時間的兩難可能不是無解的題目，也許轉個身就可以找出新的施力點。

老師一直教、一直教的這種方式，可以稱為「專家知識的補充式教學」。如果孩子有學習興趣，這種教學方式確實會有明顯的短期效果。當孩子願意跟上我們，願意跟著講義學習，願意跟著我們一起劃重點，願意跟著老師給予的形成性評量，一路下來，我們很可能看到孩子的小考成績亮眼、模擬考成績讓人放心，甚至能在大型考試過關斬將。

但是我們也都看到，孩子從國中升上高中，一樣的學科內涵再次出現時，他好像沒有記得那麼深刻，對於曾經學過的知識，似乎沒有記得那麼牢靠。之所以出現這樣的結果，其實就是因為補充式學習有明確的短期效應，但不一定能形成長期的效果。

所以，閱讀教學跟學科教學之間的平衡，不見得是兩難。老師過去苦口婆心告訴學生：「這個是重點。」現在我們透過閱讀教學，讓學生自己發現：「這個很重要！」本來是我們幫忙劃重點，現在改成孩子自己先試著劃出重點；本來是我們幫忙找出概念構圖，現在則是讓孩子自己先看出文章的結構，再加上老師的補充。

閱讀教學其實不是要取代學科專家知識的教學，而是幫助老師知道，孩子什麼時候最需要你的補充。如此一來，閱讀教學跟學科教學就能從本來的「兩難」化為「兩全」，既可以幫助我們顧全孩子的學習興趣，也顧全了老師關心的學科知識。

化「兩難」為「兩全」的漸進式微調

這樣從兩難化為兩全的歷程，可以從每位老師都很熟悉的教學模組來思考。我們在下一頁的圖片裡看到，最左邊是老師們都很擅長的「有效教學」。在師培的過程中，老師學習了學科教材教法，學習了教室經營或教學心理學，所以知道如何在課堂內顧及孩子的差異。

老師們也知道在學科教學裡的能力指標，因此在每個教室中，都已經使用了成熟的有效教學模式。過去這樣的努力，使得許多孩子都在老師的幫助之下，學

化兩難為兩全

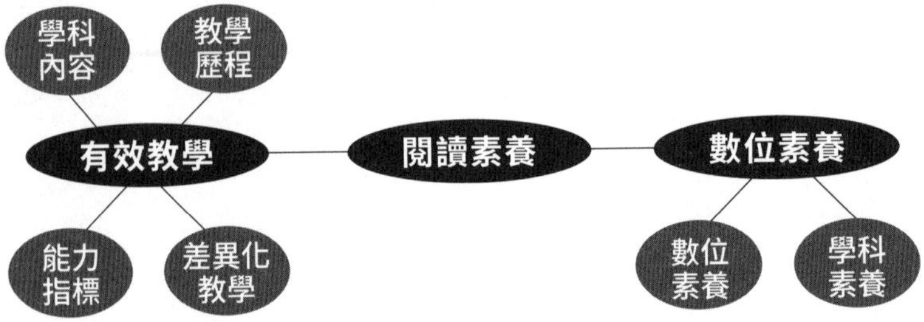

會了豐富的學科知識。

只是隨著孩子面對的知識愈來愈多，我們希望孩子有「帶得走的能力」，希望孩子可以在數位學習的環境裡，因為老師教給他學科素養，教會他閱讀方法，再加上未來他可能學會的數位素養。如此，就能成就孩子終身學習的能力。

閱讀教學與學科教學的確能夠整合，把現在教室裡的兩難化為兩全。但如果改變太過劇烈，對教學現場的孩子不見得是好事，當我們的教學模組做出巨幅的調整，不但孩子不適應，老師也可能不適應。所以，最好的改變方式應該是**漸進式微調**。

漸進式微調

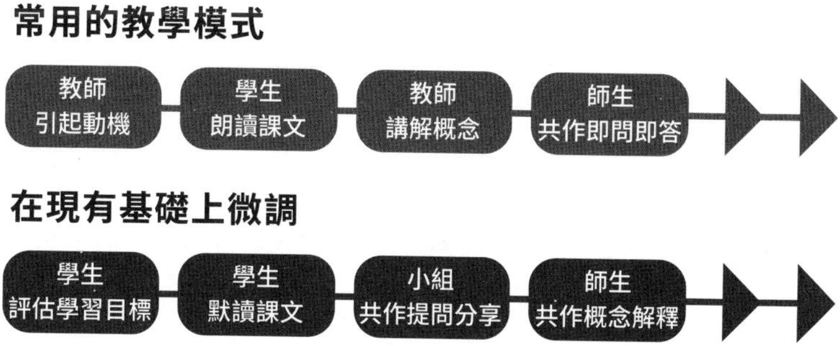

讓學生自己引起學習動機

過去常用的教學模式，該如何跟剛剛談到的閱讀策略結合，好能提升學生的學習興趣，並讓老師知道何時可以補充？在過去的教學模組中，老師都很擅長透過問題引起學生對這個學習主題的動機。我們可能會問學生：「你知不知道什麼是『楚漢相爭』？」希望透過這樣的問題，引起孩子對該學科主題的興趣。

過去的學科教學，老師在「引起動機」之後，通常會花兩到三分鐘或三到五分鐘，邀請全班孩子把今天要上的重點讀過一次。老師會借用學生朗讀、全班共讀或小組輪流讀，透過這樣的教學操作引導，讓學生注意課本裡有哪些訊息。

朗讀完課文後，接著老師可能會採用講解概念的方式，有時是透過講義，按部就班幫助孩子釐清每個重點，或者是透過課堂上的提問，邀請孩子來思考課文裡有哪些重點。但不論使用哪些方法，基本上老師都已非常熟練，知道在師生共作裡，如何透過即問即答來引導，讓孩子注意到學科裡的主要內涵。

閱讀教學也要在這樣的教學模組裡，在既有的時間裡進行微調，像「引起動機」這階段，可以鬆動的是：**讓學生自己引起學習動機**。

讓老師的角色轉型

老師可以善用課本裡的「學習目標」，幫助學生自己引起動機。過去老師希望透過引起動機的提問，讓孩子看到這個學科的重點。現在我們可以把這樣的學習責任還給孩子，讓他自己知道：「我在這一課想要學什麼？」

接著，在本來朗讀課文的模組中，我們仍保留閱讀課文，但建議老師可以改成請孩子默讀課文，讓他用自己的速度閱讀。就如同之前分享過的眼動紀錄，其實每個孩子都需要有自己閱讀的時間，需要用自己覺得從容的速度，把課文消化過一次。

當孩子可以自己評估學習目標，而且依照這目標自己安靜的閱讀，這時教學模組就能回到老師們熟悉的「學習共同體」，或者是小組互惠學習，藉由老師的提問，把本來即問即答的概念放入小組共作，讓孩子先承擔起自己的責任。學生在小組共作中學習到一些概念，最後在課堂一起即問即答，再由老師幫助孩子補充更多專業知識。

所以，把閱讀教學融入學科教學，其實並沒有要大幅翻轉既有的教學模式，只是在本來熟悉的教學模組裡，記得讓老師的角色漸漸轉型。因為對老師來說，最重要的是在一旁關心孩子，引導他漸漸學到那些帶得走的閱讀能力。

讓學生參與設定自己的學習目標

引起學習動機原本是由老師發動，現在要如何轉回給孩子，讓他們自己學習「如何評估本身的學習目標」呢？

我們借用公民課本舉一個例子。事實上，所有學科課本都跟公民課本一樣，每個單元的開頭都有一個學習目標，告訴學生他會學習到什麼，這就是設定的學習目標。對於這些學習目標，我們能幫助孩子怎麼做呢？首先可以先讓孩子想一想：「在這麼多的學習目標裡，有沒有我已經學會的？有沒有我最想學的？」

教室裡有優讀者，也有弱讀者。對於擁有豐富背景知識的孩子來說，有些學習目標他已經會了，但在這麼多的學習目標裡，應該也有他最想學的。當孩子知道自己哪裡最想學，哪裡比較不想學，就有機會知道「該注意哪些重點」。

當孩子能夠自己評估這些後，才有機會在上課時自問：「我學會了嗎？我是不是已經跟上老師的方向了？」也就是說，課本上每個學科單元裡的學習目標，我們可以把本來由老師負擔的引起動機，漸進的釋放回給孩子。

用「評估學習目標」的學習單，開始與學生對話

在課堂上，要怎麼讓這件事情發生呢？有時一張簡單的學習單，再加上老師的學習引導，就可以幫助孩子練習到好用的閱讀方法。

在下一頁的學習單中，列出了原來課本小框框裡的學習目標。老師可以幫助孩子轉化哪些是他已經學會的，他最想學什麼，以及最後一格裡面，有哪些是在下課之前，可以自問學會了沒有。

用學習單引導學生練習「閱讀方法」

學習目標	課前評估狀態（Known）	我最想學什麼（Want）	有哪些我已經學會（Learn）
公共財的特性	我聽過公共財 Yes No 我知道公共財的特性 Yes No	可以知道公共財的定義 可以區分公共財和其他財產的不同	可以簡單說出什麼是公共財 可以從例子判斷哪些是公共財
外部效果的涵義	我聽過外部效果 Yes No 我知道外部效果的意思 Yes No	可以知道外部效果的定義 可以區分外部效益和外部成本	可以簡單說出什麼是外部效果 可以從例子判斷哪些是外部效益 可以從例子判斷哪些是外部成本
政府如何維持經濟秩序	…… （仿右，請學生練習）	…… （仿右，請學生練習）	…… （仿右，請學生練習）

當你看到課本的學習目標說，這一課要學會公共財的特性，就可以設計一張非常簡單的學習單，讓孩子不要寫太多的字。如果要在課堂上讓孩子動筆寫字，就會需要時間。由於課堂教學時間已非常有限，透過簡單的勾選，就能克服教學

時間的兩難。

所以，當老師想問孩子：「你知不知道公共財的特性？」以前也許會直接口頭詢問，這時孩子可能不知道要怎麼回答。如果有一張良好的學習單，我們可以這麼問：「你有沒有聽過公共財？如果有聽過，那你知不知道公共財的特性？」在這個過程中，孩子只要簡單勾選「聽過／知道／YES」或是「沒聽過／不知道／NO」，就可以了解孩子對公共財認識有多少。因為「聽過公共財」跟「知道公共財特性」還是可以區分的。

透過這樣的學習單，孩子就可以評估：「哦！原來在這一課裡面，我其實已經知道公共財這個詞，但我應該要再進一步知道，課本想要告訴我公共財的特性是什麼。」當然，如果學生想要了解自己最想學什麼，可以把公共財的特性、外部效果的涵義，用一、二、三、四、五標出最想學的順序。

當學生可以標出「我最想學習的特性」或「我最想學習的內容」時，就有機會在最後一格裡自問：「我最想學的，是不是我學得最好的？而我最不想學的，有沒有什麼方法也可以學得不錯？」這樣一張簡單的學習單，其實不會耽誤太多教學時間，很快就能操作，而且可以讓孩子有機會注意到「課本裡將出現的專有名詞」。

試試從朗讀改為默讀

先讓孩子從原本的被動、有些漫無目標，進到一個可以評估自己想要學習的方法跟方向，接下來再把原本教室裡的模組，從**引起動機**後的**朗讀課文**改成**安靜閱讀**。

當孩子安靜閱讀的時候，許多老師會擔心，不知道他讀到哪裡，是不是放空了。因為過去我們採用朗讀教學，一定知道孩子讀了沒，知道他在哪些詞卡住了，也可以從閱讀速度看出，這一刻對他有多難。

原本朗讀的課文，為什麼需要暫時交還給孩子，讓他默讀呢？

當全班一起大聲朗讀時，比較沒辦法顧及差異性。不論孩子現在的起點行為如何，都要用一樣的速度來閱讀、朗讀，因此無法停下來多讀兩次，通常無法幫助孩子有效評估自己的學習目標，說不出自己最想學什麼。有鑑於此，我們誠懇的建議老師，一定要試著把原本朗讀的時間還給孩子，讓教室裡出現一些安靜閱讀的時間。

接下來就讓我們一起來想想看，怎樣做才可以讓孩子安靜的閱讀，又不至於放空呢？

以一枝筆來搭配默讀

先前提到的眼動儀影片中，顯示了孩子閱讀的歷程。在教室裡面，可以讓孩子拿著一枝筆自己閱讀，而筆的移動軌跡就類似他的眼動行為，呈現出來給老師觀察。

孩子圈選不懂的生詞、停下來回顧內容，那些動作就很像眼動儀上簡單的一個回視。因此，不妨邀請孩子在安靜閱讀前把筆拿出來，一邊讀一邊把想要學、不太懂的生詞圈出來，或者邀請孩子，若第一次讀過去統統都沒有生詞，可以看看觀點小視窗裡面，有沒有哪些專有名詞需要停下來圈一下。

同樣的道理，我們在之前的章節中，從地理課本裡看到，一個東歐國家領土四圍的交界如此複雜，課本上那些重要的連接詞，也都可以邀請孩子圈出來。

在安靜閱讀的時候，老師也可以邀請孩子，是否像眼動的歷程一樣，可針對標題再停下來想一想。老師如果擔心學生沒有讀，其實只要觀察他的筆有沒有移動，有沒有注記，就可以透過行間的巡視，看得出孩子是否正在閱讀。

在教室裡的五分鐘，原本的朗讀會因為運用這一枝筆，得以進入安靜閱讀的模式。

進入小組共作提示重點

當孩子已經能夠安靜閱讀，而且能夠評估自己的學習目標之後，老師可以透過一些好的問題，讓孩子在小組共作裡面先互相檢核，例如他是不是把概念記得夠牢靠了？是不是能針對概念去進行比較跟解釋？

在這個時候，老師過去常用的學習單，或者老師所使用的補充講義，就很值得拿出來，在小組裡面先一起操作。關於小組如何操作，對很多老師來說，已經熟悉小組共學，或者是學習共同體的操作方式。如果你現在還不太熟悉如何做小組共作，建議老師可以上均一平台，看一看上面關於教學小技巧裡面，小組教學的操作方式。

如果一個班級已經有良好的小組教學氛圍，學習單的設計可以採取由大而小的方式，避開過去克漏字填充的方式。用克漏字挖空這樣的學習單，可以讓孩子把很多細節記得夠牢靠，但是不一定可以區辨主要重點。所以，老師要記得把重點說明放在最前面，如同我們剛剛看過的歷史課本，談到西漢的盛衰，可以邀請孩子先用時間點說說主要重點，讓他在小組裡有機會把這些重點說出來。

重點說完之後，需要顧念孩子可能有些學科詞彙上的難點。在專家補充之前，孩子之間彼此的分享，也是一個非常好的學習方式。讓孩子互相提問「什麼是楚漢相爭」、「什麼是無為而治」，當他們可以彼此先回答時，其實就代表自己已經學得更深刻。

如何補充專家知識

除了難點之外，有時孩子仍需要老師在小組裡進行引導，也就是老師給的提問單中，也許孩子會有不同的看法，對於同一個問題有不同的答案。

就經驗來說，這些不同的答案，可能都來自於孩子沒注意到特殊的**連接詞**，在學科內涵中，有非常多連接詞是孩子過去不熟悉的，而老師在小組巡視、引導的時候，很值得為孩子提點這些連接詞。

在這個小組共享的時間裡，如果因為碰到某些特殊難點而操作不完，建議老師可以邀請該小組，把問題留到大班共作的時候，由他們提問，到時你再為他們做補充。

先前提到，閱讀教學與學科教學其實可以從兩難到兩全。孩子先有了學習興趣，再由老師來補充。至此，老師會看見「引起教學動機」、「朗讀」、「即問即答」三個模組，全部都做了微調。現在則要進入最後一個模組，也就是「補充專家知識」。

讓我們以歷史課本舉例。課本寫道：「當秦朝滅亡的時候，劉邦在楚漢相爭打敗了項羽。」這句話對許多歷史老師來說，實在是太過簡要。過去老師常常會說，要在這句話裡為孩子補充「到底什麼是楚漢相爭」。但如果是由孩子自己評估最想學什麼，說不定很多孩子已在漫畫裡看過楚漢相爭。

所以，本來老師要補充的那五分鐘，其實就可以放掉。即使有些孩子真的沒看過楚漢相爭，但如果他在小組裡問了同學，而看過楚漢相爭的小朋友也幫忙補充了，這時老師真的就不用再特別補充。

從這裡就能看出「讓孩子自己先評估學習目標」的好處。過去老師經常會說學科教學教不完，如今如果能將閱讀教學融入學科，的確是可以成就兩全其美的教學。

更進一步區辨重點

讓我們再舉一個例子。歷史課本裡提到，漢高祖建國之後採取無為而治，接著又提到了漢武帝。所有老師都會知道，這時課本省略了漢高祖到漢武帝之間的其他帝王，為了讓孩子知道，漢高祖跟漢武帝中間還有幾位帝王，老師也需要做補充。

但是這時我們可以先停下來想一想，孩子即使不知道這期間還有其他帝王，對於理解兩漢的盛衰有沒有影響？也就是說，在區辨重點的過程中，漢高祖到漢武帝之間的其他帝王，其實很有可能是細節。孩子最想學的也許是：「為什麼這麼大一個帝國會衰亡？」所以，某些帝王發生了什麼事、有哪些豐功偉業，那些課本已經省略的部分，可能就表示這不是最主要的重點。如果孩子能透過隨手可得的數位載具查到，就不用耽誤我們的教學時間。

所謂的**學科重點，就是找出概念之間的關係，找出段落之間的關係，找出每**

個次標跟整個主單元之間的關係。我們幫助孩子掌握這些主單元之間的關係，他們才能形成一個長期的學習效果，才能明白若想要知道其他知識，可以透過老師教導的讀書方法，自己上網路去讀。

在數位時代裡，許多本來老師要補充的知識，孩子都可以透過所學到的閱讀方法去獲得。如果老師能教學生「如何檢視自己的學習興趣」，讓他可以在小組共作裡學到學科詞彙，不需要老師不斷補充，那麼，老師就有機會可以教得完。

學到各種讀重點的方法

當然，學生在評估學習目標時，也許會不小心忽略最重要的學習目標。例如提到漢朝時，學生可能會忽略，為什麼課本要說：「這是第一個由平民建立的朝代」。所有老師都知道，因為秦朝、周朝都是由貴族建立的王朝，而這麼重要的一句話，孩子可能一不小心就忽略了。這時老師還是可以做補充，至少可以提問：「是不是剛剛大家都沒有注意到這句話？這句話可能要告訴我們什麼？」透過老師的有效提問與補充，一樣可以達到很好的學習效果。

同樣，孩子也可能不小心忽略漢高祖的無為跟漢武帝的改變，兩者間的關係到底是什麼？因為漢高祖的無為，其實是對應秦始皇的大有作為，而秦始皇的大有作為，則導致秦國沒有辦法延續，這是老師都知道的重點。

但老師可以先提問，再讓學生回頭看一看，課本在秦朝的章節說了什麼，然後翻回來比較。上述這些又回到我們說的「跨段落比較之間的細節」，也就是說，所有閱讀方法是通用的。不管是段落之間或單元之間，只要老師的專家知識一直存在，就能透過引導讓孩子自己讀到重點，而且可能會因此學到：「原來還有各種讀重點的方法！」

總歸來說，教閱讀真的是一個很複雜的過程，需要從詞彙教到句子，從概念教到段落及單元，但老師們不用擔心，因為千里之行始於足下。在下一堂課，你不一定要立即將四個模組一起調整，可以每次微調一點點，但一定要記得開始。萬事起頭難，也許學生一開始會不適應，但相信透過每個老師的教學專業，孩子會因此受到啟蒙，最後甚至能超越我們。

希望教室裡的孩子，能因為我們教會他閱讀，掌握到終身學習的方法。如果學生面對每一個學科，都能同時學到專業的學科知識和閱讀方法，那麼，符合他性向的學科將因此更卓越，即使是不那麼擅長的學科，也能因學會閱讀而變得不那麼外行。讓孩子在專業之內卓越，在專業之外博雅，這就是我們做為老師，共同成就的最高理想！

05 文言文教學的領悟

國中以上的老師面對文言文教學，心情大概都有些複雜。一方面，這是文化傳承的必要學習，數量龐大的古文經典各有精采，如果孩子不能讀文言文，就少了領略古人智慧的機會。也有老師說，在國、高中升學大考中，通常文言文閱讀也是拿分關鍵，在教學上若棄守這部分，實在相當可惜。

但是另一方面，古籍古文的篇章繁多、種類各異，在有限的教學時間之中，到底要如何讓孩子學到最多，這實在是一個難題。文言文是否也可能用閱讀理解的策略，幫助孩子學得更好呢？

目前教學現場的老師，大多專注在解讀文本的生難字詞、多變語法。但在解碼單篇的文言文之後，如何讓學生將這種理解能力延伸到其他古文，成為能夠獨立閱讀古文的讀者呢？這是大多數老師心裡沒把握的事。

已故的柯華葳老師是我的恩師，我們幾年前曾一起構思過文言文的教學策略，[4]並發現從「有故事的文言文」著手，是一個很好的起點。不論在哪個時代，故事的結構大都有可預期的轉折：剛開始會呈現故事的背景，之後主角出現，其心裡會有想要完成的目標，經過一連串事件後，最終走向故事的結局。

故事文章結構

背景 ➡ 起因 ➡ 經過 ➡ 結果

課堂上的孩子若具有「故事如何成形」的背景知識，就可以說是有了閱讀故事的基模。這樣的孩子，看到曾經出現在國中會考題目的史記〈廉頗藺相如列傳〉，可能會有這樣的理解：

趙以數困於秦兵（**故事背景**），趙王思復得廉頗，廉頗亦思復用於趙（**起因**）。趙王使使者視廉頗尚可用否。廉頗之仇郭開多與使者金，令毀之（**轉折**）。趙使者既見廉頗，廉頗為之一飯斗米，肉十斤，被甲上馬，以示尚可用。趙使者還報王曰：「廉將軍雖老，尚善飯。然與臣坐，頃之三遺矢矣。」趙王以為老，遂不召（**結果**）。

如果學生對基本的古文用詞已有理解，就可以搭配故事的起承轉合來理解這個文本，那麼，即使文中有少數不理解的字詞，也不會影響讀者對於整體故事走向的理解。

自主閱讀的難處

文言文閱讀之所以困難，有研究指出是因為文字精簡、常常一字多音或一字

4 作者注：本文取材自《靜觀古文皆自得》（柯華葳，陳明蕾，賴明欣——教育部國民及學前教育署，二〇一九）。

多義、常用虛詞、句式變化多。[5]根據上述幾點，學生會有難處的地方，有可能是誤解了其中的動詞，或是不明白句子中的主詞在哪裡。該研究以《世說新語》中的一篇文本為例：

> 荀巨伯遠看友人疾，值胡賊攻郡。友人語巨伯曰：「吾今死矣，子可去！」巨伯曰：「遠來相視，子令吾去；敗義以求生，豈荀巨伯所行邪？」賊既至，謂巨伯曰：「大軍至，一郡盡空，汝何男子，而敢獨止？」巨伯曰：「友人有疾，不忍委之，寧以我身代友人命。」賊相謂曰：「我輩無義之人，而入有義之國！」遂班軍而還，一郡並獲全。

第一句「荀巨伯遠看友人疾」中的「遠看」，參與測試的國中生很容易誤解為「遠遠的看」，但真正的句義是「到很遠的地方去看」，也就是荀巨伯出了遠門去看朋友；至於「疾」這個字，有學生會解釋為「速度很快」，但真正的意思是「疾病」。因此整句的意思應該是：「荀巨伯出遠門去看生病的朋友。」

另外，句中的「賊既至，謂巨伯曰」，這裡敘事者已有轉換，跟前文不同。有學生會誤解這裡說話的人是荀巨伯或他朋友，只有少數學生意識到，這裡已經切換為盜賊的視角。

從這樣的測試可以發現，學生到了國中階段，其實已經有基本閱讀文言文的策略，會根據關鍵字的部首去猜測字義，例如看到言部的「謂」，就會猜測這跟說話有關係。除此之外，也會從句子前後的因果關係去推論文義。更有策略的學生，會試著轉變句中關鍵字的詞性，以此猜測可能的句義，再加上理解全文主旨，去捕捉一個有起承轉合的完整故事。

例如在「荀巨伯遠看友人疾」中的「遠」，如果不是形容詞而是動詞，似乎就更符合之後的情節。也就是說，荀巨伯願意為了生重病的朋友，不顧自身凶險，出遠門前去探望，這是一段彰顯友誼的動人故事。

5 作者注：詳見《文言文閱讀理解歷程探究》，齊瑮琛、邱貴發，二〇一五。

如何教導學生自學

文言文教學可以採用近年來廣受好評的「漸進釋責法」（reciprocal teaching program），也就是由老師先示範閱讀時如何問自己問題，做摘要，預測下文的內容，澄清不明的地方，而後師生一起進行這些活動，漸漸的，老師只提供回饋，由學生自行閱讀。

在搭建教學鷹架時，可以參考劉勰在《文心雕龍》中提到的六觀，也就是觀察一篇文章的六種方式，如下：

觀位體：作者的主題與形式。

漸進釋責教學模式

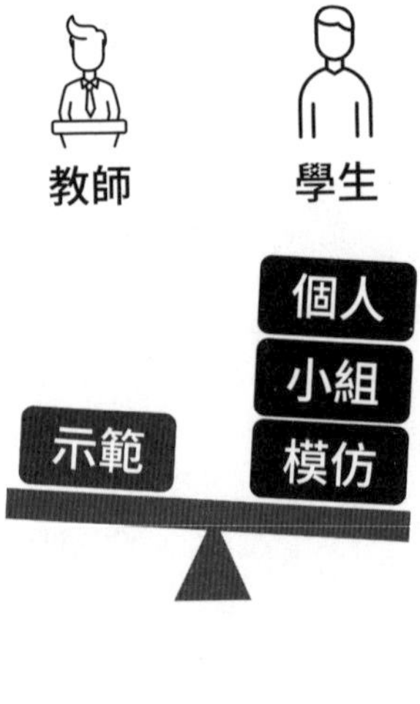

觀置辭：作者的修辭風格。

觀通變：作者與前人手法的比較。

觀奇正：作品有哪些創新。

觀事義：觀察內容與典故。

觀宮商：作品的節奏和音樂性（例如押韻和平仄）。

如果以「觀通變」做為選擇教學素材、搭建教學鷹架的脈絡，我們可以從幾個方向著手：

一、事同：同一件事有不同記載。

二、意同：同一個主題以不同的故事表現。[6]

6 作者注：步驟一、二出自《周振甫講怎樣學習古文》，江蘇教育出版社。

三、文章結構：用結構找到重點。

四、反覆出現的詞語：文章中反覆出現的詞語可能是重點，可以對照學生的背景知識來教學。

以「事同」來教學時，可以考慮「冰上求鯉」的三個版本。雖然人物的名字和細節略有不同，但故事內容相當接近。

◆一

王祥，字休徵，瑯邪人，性至孝，早喪親，繼母朱氏不慈，數譖之，由是失愛於父。每使掃除牛下。父母有疾，衣不解帶。母常欲生魚，時天寒，冰凍，祥解衣將剖冰求之，冰忽自解，雙鯉躍出，持之而歸。母又思黃雀炙，復有黃雀數十，入其幙，復以供母。鄉里驚嘆，以為孝感所致。

東晉◎干寶《搜神記》

◆二

王延，性至孝；繼母卜氏，嘗盛冬思生魚，敕延求而不獲，杖之流血；延尋汾叩凌而哭，忽有一魚，長五尺，躍出冰上，延取以進母。卜氏食之，積日不盡。於是心悟，撫延如己子。

東晉◎干寶《搜神記》

◆三

樊儵，早失母，事後母至孝，母患癰腫，形容日悴，儵自徐徐吮之，血出，迨夜即得安寢。乃夢一小兒，語母曰：「若得鯉魚食之，其病即差，可以延壽。不然，不久死矣。」母覺而告儵，時十二月，冰凍，儵乃仰天嘆泣，脫衣上冰，臥之。有一童子，決儵臥處，冰忽自開，一雙鯉魚躍出。儵將歸奉其母，病即愈。壽至一百三十三歲。蓋至孝感天神，昭應如此。

東晉◎干寶《搜神記》

故事結構表：三篇冰上求鯉比較

故事結構	王祥 老師示範	王延 小組合作	樊儵 學生獨立完成
主角一／名字、特色			
主角二／名字、特色			
關係			
主要事件（情節一）			
背景			
經過			
結果			
次要事件（情節二）			

背景			
經過			
結果			
主角結局			
作者論點			

進行教學時，第一篇由老師示範如何採用故事結構來拆解故事，第二篇由小組合作完成，第三篇則由學生自行完成。

以「意同」來教學時，會選擇主旨相同，但故事不同的文本。例如〈木蘭詩〉及《搜神記》的〈李寄斬蛇〉，這兩篇故事都談到家中無男丁，必須由女性出面解決問題。可以沿用「冰上求鯉」的故事結構分析，看看兩篇故事中的主角特色、情節、結果、作者論點等有何異同。

◆木蘭詩

唧唧復唧唧，木蘭當戶織。不聞機杼聲，唯聞女嘆息。問女何所思？問女何所憶？「女亦無所思，女亦無所憶。昨夜見軍帖，可汗大點兵；軍書十二卷，卷卷有爺名。阿爺無大兒，木蘭無長兄，願為市鞍馬，從此替爺征。」

東市買駿馬，西市買鞍韉，南市買轡頭，北市買長鞭。朝辭爺孃去，暮宿黃河邊；不聞爺孃喚女聲，但聞黃河流水鳴濺濺。旦辭黃河去，暮至黑山頭：不聞爺孃喚女聲，但聞燕山胡騎聲啾啾。

萬里赴戎機，關山度若飛。朔氣傳金柝，寒光照鐵衣。將軍百戰死，壯士十年歸。歸來見天子，天子坐明堂。策勳十二轉，賞賜百千強。可汗問所欲，「木蘭不用尚書郎，願借明駝千里足，送兒還故鄉。」

爺孃聞女來，出郭相扶將。阿姊聞妹來，當戶理紅妝。小弟聞姊來，磨刀霍霍向豬羊。開我東閣門，坐我西閣床。脫我戰時袍，著我舊時裳。當窗理雲鬢，對鏡貼花黃。出門看火伴，火伴皆驚惶：「同行十二年，不知木蘭是女郎。」

雄兔腳撲朔，雌兔眼迷離。兩兔傍地走，安能辨我是雄雌？

佚名〈木蘭詩〉

◆李寄斬蛇

東越閩中，有庸嶺，高數十里，其西北隙中，有大蛇，長七八丈，大十餘圍，土俗常懼。東治都尉及屬城長吏，多有死者。祭以牛羊，故不得福，或與人夢，或下諭巫祝，欲得啖童女年十二三者。都尉令長並共患之，然氣厲不息，共請求人家生婢子，兼有罪家女養之，至八月朝，祭送蛇穴口，蛇出吞齧之。累年如此，已用九女。

爾時預復募索，未得其女。將樂縣李誕家有六女，無男。其小女名寄，應募欲行，父母不聽。寄曰：「父母無相，惟生六女，無有一男，雖有如無。女無緹縈濟父母之功，既不能供養，徒費衣食，生無所益，不如早死；賣寄之身，可得少錢，以供父母，豈不善耶！」父母慈憐，終不聽去。寄自潛行，不可禁止。

寄乃告請好劍及咋蛇犬，至八月朝，便詣廟中坐，懷劍，將犬，先將數石米餈，用蜜麨灌之，以置穴口，蛇便出。頭大如囷，目如二尺鏡，聞餈香氣，先啖食之。寄便放犬，犬就嚙咋，寄從後研得數創，瘡痛急，蛇因踴出，至庭而死。寄入視穴，得其九女髑髏，悉舉出，咤言曰：「汝曹怯弱，為蛇所食，甚可哀愍。」於是寄女緩步而歸。

越王聞之，聘寄女為后，指其父為將樂令，母及姊皆有賞賜。自是東治無復妖邪之物。其歌謠至今存焉。

東晉◎干寶《搜神記》

古文中如果有「反覆出現的詞語」，也是很好的文本。例如《晏子春秋》中，〈景公獵逢蛇虎以為不祥晏子諫〉一文中提到的一不祥、二不祥、三不祥。

景公出獵，上山見虎，下澤見蛇。歸，召晏子而問之曰：「今日寡人出獵，上山則見虎，下澤則見蛇，殆所謂不祥也？」晏子對曰：「國有三不祥，是不與焉。夫有賢而不知，一不祥；知而不用，二不祥；用而不任，三不祥也。所謂不祥，乃若此者。今上山見虎，虎之室也；下澤見蛇，蛇之穴也。如虎之室，如蛇之穴，而見之，曷為不祥也！」

春秋 齊◎晏嬰《晏子春秋》

實際在課堂上操作時，可採取以下的漸進釋責方式進行。

在引導學生自學文言文的過程裡，「檢視理解」是很重要的一個環節，如果學生能夠透過紙本提問，或者自問自答來梳理文意，將更有助於釐清自己的理解。例如：

一河曲中有二狙，河中得大鯉魚，不能分，二狙守之。有野犴來飲水，見狙語言：「外甥是中作何等？」狙答言：「阿舅，是河曲中得此鯉魚，不得分，

鼓勵自學的文言文教學流程

教師示範

- 朗讀
- 複述所讀內容
- 檢視理解

學生自學

- 讀：流暢度檢視
- 說：說出所讀的內容（檢視理解）
- 疑：提出不解處

小組討論

- 解：檢視上面所提出的不解處
- 結：寫大意（檢視理解是否改變）

汝能分不？」野犴言：「能，是中說偈。」分作三分，即問狙言：「汝誰喜入淺？」答言是某狙。「誰喜入深？」答言是某狙。野犴言：「汝聽我說偈，入淺應與尾，入深應與頭；中間身肉分，應與知法者。」

《十誦律》，又見於唐代僧人道世編《法苑珠林．愚戇篇》

以這篇文章進行檢視理解時，可以再次確認，自己的理解是否有需要修正的地方？可以這樣自我問答：

一、有幾個角色？

答：三個角色。

二、角色間的關係如何呢？

答：狙跟野犴關係是甥舅，本來就認識，狙遇到問題會願意請教野犴。

三、是否仍有困難的字詞，不明白確切的意思？跳過這些字詞，是否會影響我對文章的大略理解？

答：二狙、野犴、汝聽我說偈等詞句很難。

四、若是，文章中是否還有線索可以解決我的疑問？

答：狙跟犴都是犬部，是某種動物，而且都吃魚。說「偈」，說話、說某個東西、說某件事，從後面的句子可以推測說的事情跟分魚有關係。

五、回顧「命意」（寓意）：是在比喻雙方相持不下而使第三者從中得利。

是否符合本篇的主題？

答：二狙對於分魚的方法意見不能一致，結果讓野犴得到魚最好吃的地方，符合雙方相持不下而使第三者從中得利。

反覆檢視理解、推論、修正理解之後，學生對於文言文的詞意、句意就能慢慢掌握，再多累積幾次經驗，對文言文自然就比較不會感到害怕。老師選擇文言文的取材可以盡量豐富多元，如果選到《笑林廣記》或《聊齋》，能拉近學生與文言文的距離，讓他們知道，原來文言文也可以寫出笑話和靈異故事，一點也不無聊呢！

part 3

教出優學者

紙本×數位閱讀，
邁向深思考

01 運用多文本，往數位閱讀遷移

從小學到高中，都可以嘗試從「單文本」教學，漸進遷往「多文本」教學。依據學生在不同年段，可以有符合那個階段的教學策略。「多文本取向」是串聯紙本閱讀跟數位閱讀的最佳解方。

如果孩子心中有一個想解決的問題，需要找尋更多資料，不論在紙本或數位的世界裡，絕不會只滿足單一文本，必然是邁向多個文本。尤其在數位世界裡，在搜尋引擎的幫助下，只要下一個關鍵字，就會有多個搜尋結果出現，這就是多文本閱讀的起點。「多文本閱讀」可說是當今孩子每天面對的現實。如此一來，閱讀多文本並從中萃取精華，提煉出自己想要的洞見，就變成必學的能力。

要學什麼呢？面對這些來自四面八方的訊息，首先需要判斷：這些文本跟我要完成的學習任務之間，有多大的關聯？對於我要解決的任務，哪個文本的契合度更高？哪個訊息來源更可信？如此，學生可以慢慢練習整合能力與評估能力。

許多研究也顯示，隨著我們的知識愈來愈豐富，背景知識讓我們有機會針對某個議題一探究竟。也就是說，即使學生想要在數位環境裡搜尋，也需要先擁有某些背景知識，才會知道該用什麼關鍵字，可以搜出含金量更高的資訊。

因此，老師在課堂可以引導的事，就是善用紙本閱讀的多文本，先累積學生學習的廣度與深度。之後，孩子在進入數位環境時，會有比較豐富的關鍵字「庫藏」，這時，不論是所使用的關鍵字品質，或是想要一探究竟的議題，都有機會在數位世界的搜尋中有所斬獲。

多文本閱讀，累積多元的關鍵字

以不同年段的孩子來說，低年級學習的重點是識字、理解各種句型的意義。中年級在閱讀發展階段，則已進入了可透過閱讀學知識的階段。就紙本閱讀來說，即使只讀課本，如果有心引導，還是可以發現多文本的安排，例如現在的國語課本，同一個單元裡會有三到四課。學生會發現，課本提到〈我的家鄉〉時，他可以從同一課本的不同課文裡，認識台灣不同的鄉土文化，這就是透過課本進行多文本閱讀的機會。

學生平常在老師的幫助下，不論是晨間閱讀或閱讀課，可能已經有大量閱讀的習慣。然而，大量閱讀不一定等於有多文本閱讀理解。孩子在大量閱讀時，不見得常常去想：「我多讀的這一篇，跟上一篇有什麼關係？」老師可以有系統的引導，協助孩子思考文本彼此間的連結，或是鼓勵學生去思考，這一篇跟另外一篇，哪位作者的立場比較接近我們想理解的立場？

透過老師的協助，學生可以在紙本閱讀裡先做多文本的評估跟整合，從而形成新的理解，並因此慢慢建立自己的知識系統。更多元的知識系統，能讓孩子腦中累積愈來愈多關鍵字，進行更精確的搜尋。

中年級以上的教學地圖

如果從中年級開始進行多文本取向的語文教學，可以依照孩子的發展對應課綱，讓他們從多個文本裡辨識議題，提取共同的概念，比較異同，更精緻的回應學習任務。

我們期待高年級孩子比中年級再往上發展一點，除了辨識共同的概念外，還要可以使用這些概念，更精準形成自己表述的能力，說出自己的看法。再往上到國中階段，則與高年級的學習任務做法類似，但國中階段的孩子能面對更複雜的議題，也就是說，他們要解決的問題可能沒有標準答案，會有更多的兩難，需要關照的面向更複雜。我們最終的目的，是希望激發出孩子更高階的學習思考。

當然，老師在教導學生的同時也會意識到，自己的閱讀教學專業知能需要慢慢提升。首先，要能夠**清楚的教學**，能夠**激發學生的認知思考**。其次，老師的關注重點是：我有沒有辦法**培養學生真正的自主學習能力**？一旦具備上面三個專業能力，接下來就要關注**為學生設計多元評量的能力**。

多元評量，意味著老師在課堂上，能對學生學習狀態立即提供回饋，對於學生所完成的專題，也可以提供精緻的書面回饋。此外還包括幫助正在自主學習的學生，評估自己是否有進步。當老師擁有以上這些能力時，就已經準備好下一階段的雙閱讀素養教學。

02 從單文本到多文本的閱讀理解

目前在教學現場的老師，慢慢產生一個重要的共識：在這樣的年代裡教小孩閱讀，不只是為了培養他的閱讀習慣或興趣，更希望培養學生透過閱讀學習新知的能力。在時時刻刻都有新知誕生的社會裡，孩子透過閱讀因而自主學習，是一項非常重要的能力。

若想要透過閱讀進行自主學習，就很難只做單文本的閱讀。不論學生想解決的問題是什麼，要學習的新知是什麼，都很難只靠單一紙本的文本、單一的網路訊息去達成。

因此整個雙閱讀素養的核心，是讓學生能運用多個資料來源，解決他所面對的複雜問題，不論這些資料是來自紙本或網路。也就是說，透過雙閱讀素養的教案設計，我們在教學現場的目標，是讓學生具備解決複雜問題的能力。

過去沒有雙閱讀素養的教學模式，學生仍可以在國語課或國文課的時間裡，把課上完。以往課堂的做法屬於「一般性的閱讀」，也就是我們先讀懂這一課的課文裡，作者想說什麼，以及他是用怎樣的方式表達。在單一文本裡，當然也會有單一文本的閱讀策略，以此培養能力。

但如果我們瞄準的是「從現在到未來，孩子終究需要自主學習，培養為自己解決複雜問題的能力」，就可以在備課過程選定一組文本，先針對一個較複雜而特定的問題，設計學習經驗，讓孩子擁有具體的學習歷程。

換言之，除了一般性的閱讀，孩子還需要練就另一項重要能力，也就是「策略性的閱讀」。

「多文本閱讀」是雙閱讀素養教學關鍵

要透過閱讀及理解多方素材，進而解決複雜的問題，並不是容易的事。孩子需要獨立思考，分辨哪些材料可能提供線索，如何把訊息經過組織、整理、分類，從而摸索出問題的解方。

又或者在這過程中，孩子若需要在小組裡與人合作、溝通，統籌自己的觀點，針對複雜的問題提出意見或倡議，進而在小組裡建立共識，就需要學習組織訊息、表達溝通的能力。也就是說，在雙閱讀素養教學的過程中，孩子一方面能學習**如何理解、組織多元文本的訊息**；一方面又可以往外發展出**與其他對象溝通的能力**，在學習過程裡和同學分工合作。

最終，孩子在課堂上因為老師的引導，不只學會雙閱讀素養的多重能力，也學會做為民主社會儲備公民的素養。因此，在雙閱讀素養教案中選定的一組文本，要先**設定**一**個待解的問題，做為特定的學習任務**。

在特定學習任務裡，因為教案給出自主閱讀的空間，孩子可以一邊閱讀，一邊思考，分辨文本裡的訊息，判斷哪些能用來解決設定的問題。隨著課程的進展，他不只接觸到一個資料來源，因此會把不同資料來源進行整合，並且得出某種上位概念，更進一步接近問題的解方，也獲得自主學習的體驗。

不論老師採用紙本內容或數位內容，都涉及了「從多個文本找出解決特定問題的相關訊息」這能力，而且要能組織、理解這些相關訊息，如此就稱為「多文本閱讀」。反思這整個教與學的過程，讓學生透過多個文本的閱讀，學習針對複雜問題找出答案、提供建議的能力，其實是這世代自主學習的核心關鍵素養。

回顧「單文本理解」四層次

多文本的理解能力不會憑空出現。在學習的過程中，先針對單文本（不論是來自紙本或數位）的閱讀理解扎好根基，可說是必要的歷程。

在陪伴學生的歷程裡，一定得先知道學生現在懂多少？了解程度在哪個層次？有沒有什麼方法能幫助他，從現在的層次向下一個層次移動？

單文本的閱讀理解歷程有四個層次如下：

一、提取訊息

二、推論訊息

三、詮釋整合

四、比較評估

前兩者稱為「直接理解」，後兩者稱為「詮釋理解」。

當老師讓學生讀一篇文本時，會透過有層次的提問，知道學生在單個文本的閱讀能力如何。例如是否能從文中提取訊息，逐漸找出字裡行間的關係，推論

2011年PIRLS跨國評比文章
〈一個不可思議的夜晚〉

出文章的言外之意，以及能詮釋整合文本的背景知識，與讀者的背景知識相互整合，呈現出學生的理解狀態。

除了以上四階段的歷程外，如果要往高階延伸，還可以比較跟評估作者的寫作意圖，或者是寫作風格對他理解文本內容的影響力。

我借用一篇「促進國際閱讀素養研究」（Progress in International Reading Literacy Study，這是各國針對小學四年級學生進行的跨國評比，以下簡稱PIRLS）的文章，來說明這四個閱讀理解階段。

在二〇一一年評比的文章裡，有一篇〈一個不可思議的夜晚〉，作者Franz Hohler是一位瑞士的作家（中文版文章及題目可掃上方QR Code觀看）。

在文章一開始，作者讓讀者看到，這故事發生在一個小女孩小安的家裡，而且是在她晚上睡覺睡到一半時醒來，要從臥室去上廁所的過程。

她看到了一隻鱷魚！這隻鱷魚看起來不懷好意，似乎想要攻擊她！情況緊急，她來不及找爸爸媽媽來幫忙，必須臨機應變自救。在這個不可思議的夜晚裡，小安使用了哪些方式，讓自己能躲過鱷魚攻擊？當夜晚過去，早上爸媽問她發生什麼事的時候，她又要如何回答呢？這篇〈一個不可思議的夜晚〉大約有一千四百個字，是非常有趣的小故事。

透過提問與評量，完成閱讀理解四層次

在文章之後的提問，就涵蓋了四個層次的閱讀理解：

一、**提取訊息**的問題（鱷魚是從哪裡來的？）

二、**推論訊息**的問題（哪些詞語告訴你小安很害怕？）

三、**詮釋整合**的問題（描述一下她是個怎麼樣的人？）

四、**比較評估**的問題（作者沒有告訴我們小安的遭遇是不是一場夢。找出一個證據來證明這可能是／不是一場夢）

每個層次的提問都有道理。為何要了解學生能不能**提取訊息？**因為在閱讀的過程裡，我們需要確認，學生對於讀過去的每個句子，不但知道這句話是什麼意思，還理解這句話要表達什麼概念。

在讀懂每句話之後，如果要能讀懂一篇文章，讀者還需要在上下文對照，推論前後不同句子的關係。例如在這篇故事裡，有一段說到「小安僵立在原地」，「僵立」一詞的字面意思是呆立原地不動，在故事裡，小安僵立是因為意識到鱷魚可能會攻擊她，所以嚇呆了！但文章中並沒有提到「嚇呆」或「害怕」。所以題目要考孩子的推論能力，看他有沒有從「僵立」這個詞來推論小安的情緒，也就是她很害怕。

之後，題目問到：「描述一下她是個怎麼樣的人？」而且要寫下來。這是需要學生根據自己的背景知識詮釋這故事，了解他們經過來來回回的閱讀之後，所看見的小安。

故事並沒有說「這是一個勇敢的小安」或「這是一個機智的小安」，這是一道**詮釋整合**的題目，把判斷小安人格特質的任務留給讀者。如果學生覺得小安是個臨危不亂的小女孩，就要從故事裡找出能顯示小安臨危不亂的地方，以此驗證自己的詮釋。

最後，通常讀者在讀懂一篇文章後，一定會覺察到這篇文章的寫作風格，或者自問：「我是否被這篇文章說服了呢？」在單文本的閱讀理解中，如果我們想知道學生的閱讀理解，是否已經進入最高階的「獨立思考跟辨識」階段，通常就會出現**比較評估**的題目。

因此，在這個故事的最後，題目直接挑戰讀者：「你覺得這個故事是真的還是假的呢？」由於作者沒有告訴我們，小安的遭遇是不是一場夢，所以出題者邀請讀者來鑑別，找出一個證據來證明這可能是（或不是）一場夢。這一題並沒有正確答案，而是把舉證的任務留給孩子。

從這裡就可以看出，這是一個精心設計過的文本，同時含括單文本閱讀理解的四個層次。

從「廣泛性閱讀」到「回應特定任務」的閱讀

老師如何把單文本的理解歷程，擴及到多文本，幫助學生前進到多文本的閱讀理解呢？在多文本閱讀的教學模式下，如果要進行多文本的評量，仍然可依照「所要解決的特定任務」，對單個文本進行四個層次的檢查。

在四個層次的檢查之後，接下來就會需要去了解，孩子在多個文本的閱讀理解層次到哪裡？這時就要運用多文本的閱讀理解評量，看看學生是否理解多文本的內容知識：例如不同文本之間是互為因果、相互補充或衝突對立？也看看學生能否從不同文本提取訊息、堆疊，重新詮釋理解，再次分類統整。

在日常生活裡，學生也有很多閱讀的機會。舉例來說，在晨讀十分鐘時，就會閱讀到許多不同主題的文本，包括繪本和書籍。這樣多文本的閱讀形式，稱為「**廣泛性閱讀**」，通常在整個過程中，**沒有設定要解決特定的問題，沒有特定的學習任務要回應**。

進行這種廣泛性閱讀的時候，學生可能讀懂了文本，也感受到故事主角的情緒變化，但不會特別理解這些不同的文本之間，有沒有什麼知識可以組織起來，用以回答特定問題。這種閱讀方式雖然是多文本，但就稱為「廣泛性閱讀」，這也是現在很多教室的常態。

另一種多文本閱讀，則是「以自主學習為核心素養的多文本閱讀」，這是為了養成學生自主學習能力，刻意設計的多文本閱讀情境。比起一般性的廣泛閱讀，這種閱讀歷程最大的不同之處，是為了完成某個特定的學習任務，或是特定要解決的複雜問題。

如此一來，在多文本的閱讀理解評量裡，老師會特別檢查，孩子是否可以針對自己的學習任務，從文本內提取和學習任務有關的訊息。接著可以進一步去看看，孩子是否可以從不同文本裡，看出針對那個特定問題所提供的訊息，是一致還是不一致。

閱讀理解之後，形成意見

舉例來說，如果有一篇小學課文是介紹海底世界，課文提到海底擁有一個豐富的生態資源。在教室中，如果老師也提供另外一個科學繪本或文本，裡面介紹「海底煙囪」這種特殊的地質景觀，產生了豐富的生態系統。

面對這兩個不同的文本，主題都是描寫海底世界的豐富，這時學生是否從不同文本裡，找出到底哪些訊息跟海底世界有關，而且，這些不同文本提供關於海底世界的訊息，有哪些是一致的？又有哪些僅只A文本（或B文本）提到？

如果孩子能覺察這個差異，其實就已經具備「在不同文本間比較訊息異同」的推論能力。之後老師可以引導學生進行「詮釋與整合」，把這些異同詮釋，運用孩子的背景知識找出上位概念，然後說明這個上位概念，是從哪些訊息裡提煉出來的。

就如同在單文本的四個閱讀理解層次裡，會有「提取訊息」跟「推論訊息」的層次，多文本會以學習任務為核心，從個別文本提取有關的訊息，並且進展到跨文本的推論能力，進而比較不同文本的寫作意圖。

因為多文本提供較為豐富的訊息，在比較評估時就能再往前進一步，讓孩子試著從不同文本裡統整訊息，形成意見跟建議的能力。

優讀者並非偶然

學生若要學會從單文本到多文本的閱讀理解，成為一個優讀者，需要具備哪些因素呢？從學理來說，至少有以下幾點。

首先是**整體閱讀環境**，也就是學校的閱讀環境，是否讓學生常有機會培養單文本閱讀的能力，或者常有機會感覺到閱讀很重要。

其次，學生每個人的**閱讀能力**都有點不同，每個人的**閱讀習慣**也不同，這確實會影響到多文本閱讀的表現情形。孩子的閱讀能力，可能回溯到學前讀寫能力的發展狀態，以及進入小學後一路以來，他現在的閱讀興趣、閱讀信心是否足夠、願不願意投入，以及能否運用閱讀策略，都會影響其多文本閱讀表現。

此外，來自實驗室或國外的資料都一致顯示，**只要老師在課堂上能為孩子設計一個特定任務，學生就會因應任務調整自己的閱讀理解歷程**。所以老師在教學上投入的努力，的確可以成為孩子成長的動力。

在還沒有開始雙閱讀素養教學時，我們的實驗室曾邀請四年級學生閱讀兩個文本，針對「一般性廣泛閱讀」跟「有特定任務的多文本閱讀」兩種不同情境，運用眼動儀觀測他們的眼動歷程，並且發現的確有差異。

在兩個文本之間進行「一般性廣泛閱讀」時，孩子的視線比較鬆散，因為此時他不需要尋求回應特定問題的訊息，也不需跨文本尋找那些可能需要整合起來的訊息。

但是在進行「特定閱讀任務」時，單文本閱讀理解能力愈高的孩子，閱讀的動能較強，視線在兩個文本之間來回移動的頻率較高。但單文本閱讀理解能力較低的孩子，較沒有這樣的視線來回。

不論是高分組或低分組的孩子，當學生讀完了兩個文本後，我們請他們說出這兩個文本裡有哪些知識內容，以及有哪些跨文本的理解表徵，這時就會發現，他們大概只能答出三分之一的答案，亦即原本應該得出十二個答案，但學生平均大概只有得到四個左右。換言之，對孩子來說，多文本閱讀的確不容易。學生雖然知道要調整閱讀方式，但是認知結果並沒有跟上。

所以在後來的教學中，老師每一節課協助學生練習閱讀的策略，包括跨文本做筆記、跨文本整理，經過這樣的教學後，根據我們過去的經驗，學生很有機會慢慢進步，不論是低分組或高分組，都會往前推進。

03

眼動研究告訴我們的事

提供上位概念，有效啟動理解監控

老師在進行多文本閱讀教學時，不論使用的是多個紙本的文本集，或是紙本與數位形式並用的文本集，常見的教學流程是邀請學生閱讀這份文本集，接著再引導他們辨識不同文本間的共同概念，或是比較不同文本間訊息內容的差異。

一般而言，從學生們口頭回答或文字記錄的內容，老師可以判斷他們多文本閱讀理解的程度。最讓老師感到困惑的是：「為什麼學生沒辦法讀好？到底是閱讀時太漫不經心，或是因為多文本閱讀策略尚未成熟？」

每秒拍攝千張照片，看見閱讀軌跡

我的實驗室有一台眼動儀，外觀和常見的桌上型電腦相似，也有一個桌上型螢幕，可以呈現閱讀材料。比較特別的是，螢幕下方搭配一台高速攝影機，可以在讀者進行文本閱讀時，將其眼球來回移動的軌跡錄下來。通常我們讓攝影機以**每秒鐘拍攝一千張照片**的取樣率（sampling rate），將讀者在字詞上凝視的時間（Fixation duration），以及從哪個字詞移動到哪個字詞的移動軌跡（Saccadic path）記錄下來。

我的研究團隊曾邀請四十位國小學生，參加我們多文本閱讀理解的眼動研究。那次研究，我們設計了四個主題的多文本集，每個文本集都有兩篇主題相同且文章結構相同的說明文。

實驗進行時，電腦畫面上一次出現一個文本集，學生可以在同個電腦畫面上同時看到兩篇文本。根據眼動儀記錄下來的資料，我們發現學生非常投入閱讀，

一般閱讀（上）與整合閱讀（下）的
眼動研究結果差異：
老師在閱讀前若明確告訴學生「閱讀任務」，學生的
眼動軌跡在兩文本間移動的軌跡會更為頻繁

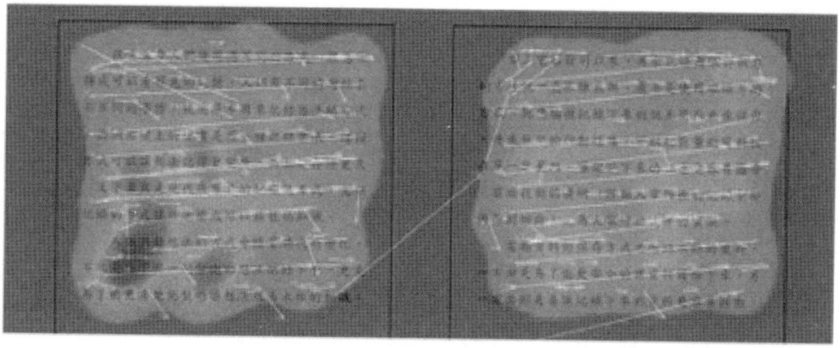

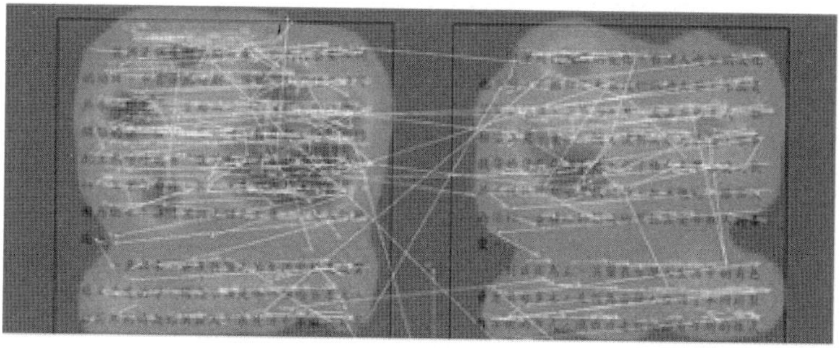

眼球在兩篇文本間來來又回回，顯示他們主動想找出兩篇文本的共通概念，好讓自己理解這兩個文本內容。

值得一提的是，在學生閱讀多文本之前，如果我們明確表示，接下來要閱讀的兩篇說明文是同一個主題，並且請他們閱讀時注意兩篇文章的異同，就會讓學生在文本間來回移動的次數有所變化。雖然只是做了簡單的口頭提點，卻有顯著的差異。

對於學生在文本間來回移動的次數，我們借用物理學「動能」的概念，將學生在不同文本間的來回動能以「熵（entropy）」的數值呈現，結果發現，在閱讀前明確告訴學生「閱讀任務」，他們在兩個文本間移動的動能，明顯高於未明確告知閱讀任務的狀態。進一步檢查學生閱讀結束後的口頭回答資料，也發現學生在文本間來回移動的動能愈高，愈能在閱讀後說出兩篇文本的異同。

給明確的閱讀任務，讓學生主動投入具象化

這個研究結果對教學有兩個重要意義。

首先，從學生在兩個文本間的動能來看，可以肯定學生能「主動投入」多文本閱讀的歷程。以往在課堂上，老師沒有機會透過「每秒取樣一千次」的儀器，觀察學生的閱讀投入情形，只能從他們的口頭回答推估，因此或多或少會讓我們「誤會」學生，以為他們總是「漫不經心」。根據學生的眼動資料，我們有機會用新的觀點「評估」學生的閱讀投入，並且進一步思考，如果學生已經「主動」在兩個文本間來來又回回，對兩個文本仍不能形成完整的理解，我們可以為他提供引導，使其獲益於多文本閱讀學習。

其次，研究資料顯示，只要在閱讀前清楚告訴學生：「就兩篇文本間的異同進行比較。」學生在文本間來回移動的動能就顯著提升，這代表**有明確學習任務時，學生更有機會啟動閱讀時的「理解監控」**，藉由理解監控的認知歷程，就能

將兩篇原本幾乎互為獨立的文本，歸納出共同概念，也能在同一個大概念下，找出兩篇文章的不同之處。

除了我們的研究外，國內外其他團隊的多文本閱讀研究也都發現，在背景知識不足的情況下，讀者即使能「主動投入」多文本閱讀，但閱讀結束後所能形成的學習品質，仍偏向「線性式的積累文本訊息」。此時如果透過教學者或文本設計，為學生提供一些背景知識，通常就能協助他們從「線性積累文本訊息」轉換成「**使用上位概念統整文本訊息**」。我的研究團隊根據此概念，微幅調整眼動研究所要使用的文本集，並且將每個文本集裡的共同概念，以「Hashtag（＃）」的方式標示出來。

用Hashtag標記支持系統，搭建自主學習鷹架

我們另外邀請四十位國小學生，參加這個「標記上位概念」的多文本閱讀眼

動研究。我們在實驗中清楚告訴學生，請他們針對每個文本裡的兩篇文章，進行異同之處的比較。在同樣的閱讀任務下，一些文本集有我們標注出來的上位概念（通常是四個字的Hashtag），一些則沒有上位概念（也就是無Hashtag）。我們這次的做法也是一樣，將學生在文本間的來回動能轉成「熵」。

當閱讀任務都是要比較兩篇文本間的異同之處，而文本集有Hashtag時，學生在兩篇文本間來回的熵值會更高，此一現象顯示，在閱讀材料裡提供「上位概念」，有助學生整合不同文本的知識。我們也從學生的口語回答發現，他們不僅能使用文本集中所提供的上位概念，而且整體閱讀表徵品質也有提升。這個研究結果對教學深具意義，讓我們看見一個足夠的「學習支持系統」，包括明確揭示學習任務、提供上位概念，的確是學生自主學習的好幫手。

最後還有個值得一提的議題：「個別差異」。由於學生單文本閱讀能力通常有高有低，若有些人單文本閱讀能力不佳，是不是要先讓他們具備更佳的單文本閱讀能力後，再進行多文本閱讀？

更早之前，我的研究室曾設計過另一個眼動研究，螢幕上只會出現一篇文本，主要的研究設計是讓學生「一次讀一篇文本」，或是明確告知學生，他們會「連續閱讀有共同主題的兩篇文本」。結果發現，不論單文本閱讀能力高低，當學生明確知道要連續閱讀兩篇文本時，他們在第一篇文本凝視與重新閱讀的時間，會短於單文本閱讀的時間。但是閱讀第二篇文本時，凝視與重新閱讀的時間則明顯比單文本閱讀還長。

這個結果意味著，在背景知識不足的前提下，單一文本所形成的認知負荷確實不輕。然而，同樣是背景知識不足，學生一次閱讀兩篇文本，可能將第一篇文本視為「背景知識」的奠基，所以能相對輕鬆的吸收第一篇文本的概要。有了第一篇文本的奠基，學生在閱讀第二篇文本時就有足夠的信心與背景知識，能更主動投入閱讀（漸長的凝視時間），再次受益於「多文本學習」。

04 鍛鍊數位閱讀素養，關鍵在於「教思考」

如果我們回到教學，我想多數老師都會同意：自主學習很重要，閱讀很重要。但是在原本的課程結構上，如果課本沒有變，考試沒有變，想要做調整還是會有些辛苦。

在學校多出來的彈性課程裡（例如校本課程），如果真有機會把數位閱讀、紙本閱讀做整合，教學現場可能會出現怎樣的樣貌？先從高中來思考。高中學生多數在紙本閱讀已經有些基礎，這時老師可以在多出來的彈性課程（或議題探究的課程）裡，回頭去想怎麼教學生問問題。

對於使用載具上網搜尋資料，高中學生相對有經驗，但他們通常較沒有機會修正或聚焦問題。因為在高中的教學場域裡，老師如果負責學科閱讀，一定要先把學科教材進度走過一遍，因此較沒時間引導學生，思考這個學科領域裡可能的問題，例如學科課本提供的知識，也只是此時此刻「暫時為真」的知識。

其實高中老師在學科領域都已經是專家，如果真的要移動到數位閱讀新素養，在校本的彈性課程裡，也許老師可以陪學生一起進入專家的思維，試著與孩子分享學科領域的學科知識系統、思考方法、邏輯，或者問問題的方式。

舉例來說，如果我是歷史老師，學科課本一定會有課綱裡想提供的基本知能。但是，任何歷史老師都能像歷史學家一樣思考，知道他們在看這些歷史文件時，會有哪些獨特的思考細節。

例如歷史學家可能會想：「為什麼這文件會被呈現在我們眼前？會不會有人想要形塑我們特定的歷史觀念？」這樣的思維，其實就值得老師連動雙素養教學，傳達給學生。一旦給了孩子這樣的思考方式，教學就不只是教「知識」，更是教「思考」。

雙閱讀素養教學比起傳統紙本素養教學，最大的差別是沒有固定的學習材料。因為老師在課堂上示範一種學科專家的思考方式，讓學生能在不固定的文本材料間遊走，進而透過自主學習的任務，帶動應用雙閱讀素養而培養出的能力，達成學習目標。

對老師來說，最難的部分就是設計自主學習的情境。因為當我們把時間交給學生時，他們通常就會問：「我現在要做什麼？」因為孩子從國小開始就仰賴固定的學習材料、固定的學校評量，從來沒有經歷過自主學習。

對問題一探究竟

因此老師會感覺到：「我一放手，學生就放空。」如果要重新設計一個自主學習的場域，讓學生能在此自由探索，我們就要為孩子搭起鷹架，從過去固定課本、固定考試的情境，往自主學習的方向移動。

在數位載具存在的教室裡，新的素養力可說是「對問題意識的那個焦點，一探究竟」。老師在教學時，可以運用載具更逼近真正新素養的概念，回到問題意識的操作。

舉例來說，未來學生在課堂裡都會配備平板，如果國文課上到李白，老師可能會讓學生拿起載具，查一查李白是誰，但是課堂中能做的事不只如此。

網路世界具有「非線性」特質，關於「李白是誰」，世界上有許多人都想過這個問題。所以，這時老師可以去探問，課本裡是用什麼角度介紹李白？然後再問學生：「你們猜，可能會有怎樣不同的角度，可以介紹李白？」這時大家如果上網尋找李白的生平，討論過後可能就會發現，似乎跟課本小框框裡的資訊不一樣。

當學生發現資訊不一樣後，接著就要鑑別資料來源是否可信，這時就會進到數位閱讀很重要的環節：**篩選**、**評估跟判斷**。之後，他們就會針對來自載具跟紙本的素材，進行廣泛的整合，而視野也會隨之展開。

數位載具為自主學習帶來高度友善的環境，學生一旦可以隨時上網，彈指間就能連上史上最豐富的知識寶庫。透過老師有系統提供鷹架的思考，學生將因數位載具創造豐富的學習經驗。

世代已經更迭，當我們看到了學生需要具備自主學習的核心，亦即雙閱讀素養能力，所有身在現場、有責任感的老師，都會覺得自己責無旁貸。

但我要給老師的建議是，雖然責無旁貸，也無須認為只能自己一肩挑起責任。如果我們能夠形成合作共備的社群，那麼從教學研究到現場教學，都有同伴可以一起在專業上成長。

05 五堂課教學設計，體驗自主學習

當我們談論雙閱讀素養時，指向的終點就是**幫助學生能在老師不在場時自主學習**。從前自主學習並不容易，但如今只要手邊有平板，上網找資料絕非難事，在數位世代裡，資訊取得看起來很公平。

既然數位世代資訊取得是公平的，為什麼還會需要教學呢？

先用Google當做例子，這是看起來非常公平的搜尋平台，任何人打開Google，輸入關鍵字，不論身分地位如何，都能得到這些關鍵字組合出來的即時訊息。然而，問題就在關鍵字。

並不是每個人心中都有一樣的關鍵字。舉例來說，如果一位小朋友從來沒有聽過太空船、九大行星，自然不會搜尋任何相關的關鍵訊息。所以身在數位時代，我們看到Google對每個人都提供資訊，表面上看似公平，其實也伴隨另外一個不公平。

因為誰擁有較多的基礎社會知識，就有可能產出更多關鍵字，再透過網路擁有更多的知識。那些一開始擁有較少背景知識的人，知識累積就會愈來愈少。也就是說，數位時代的知識貧富差距，會因為讀者原有背景知識的多寡，產生更大幅度的落差，導致知者更為全知，不知者更趨無知。

就算老師可以幫助學生學會下關鍵字，但學生能否理解透過關鍵字找到的訊息，能不能釐清這些訊息間的關係，這些也都需要學習。映入我們眼簾的訊息可能很多、很複雜，來源也不盡相同，要如何確認真偽、理解脈絡、分門別類、消化吸收，比起我們過去所教「以單文本閱讀談單文本閱讀理解」的能力，似乎明顯有所不同。

五堂課的雙素養學習歷程

當老師開始在課堂上運用數位載具時，會發現一些過去讀寫並不流暢的學生，能透過語音在Google輸入關鍵字，以此取得結果。對這樣的孩子來說，數位科技協助他產生了新的學習契機。

但對於所有孩子來說，取得資訊後要如何組織、整理，進而形成觀點、做出倡議，卻是一連串不容易的挑戰。這時老師們就慢慢明白，在這樣的數位時代裡，因為科技帶給學生的種種契機，需要我們在教學上轉化出來，成為孩子人生的轉機。

如此一來，閱讀教學就有很明確的主軸：在國民教育階段，從小學一年級開始，先奠定良好的紙本閱讀能力。到了三、四年級，開始漸漸導入一些線上閱讀策略，讓孩子可以親近網路上的知識寶庫。

如果是這樣，要怎麼開始呢？

就之前我們與小學端老師合作的經驗來說，如果能在國語課堂上，依照校定課程的規模，每學期安排五堂課的時間，進行雙閱讀素養的教學，就會是一個很好的開始。

實際上該怎麼做？以小學階段來說，五堂課可以循序漸進的安排。

第一堂課：聚焦在單一文本的閱讀。

第二堂課：加入另一個相關主題的紙本。

第三堂課：開始在網路搜尋與瀏覽，找到第三個文本。

第四堂課：評估並整合三個文本的資訊。

第五堂課：具備讀者意識的寫作和發表。

（下一頁表格欄位，請參照第五十六頁的雙閱讀素養教學指標。）

節次	教學設計層次	主要教學成分	雙閱讀素養學習指標
一	紙本閱讀 單文本閱讀	評估	B2 能從所閱讀的網頁中找出與閱讀目的有關且明顯的訊息
二	紙本閱讀 雙文本閱讀	評估	B2 能從所閱讀的網頁中找出與閱讀目的有關且明顯的訊息
三	數位閱讀 多文本閱讀	搜尋與瀏覽	A1 擬定檢索內容（設定關鍵字）
四	多文本 統整與歸納	整合	C2 針對閱讀目標進行網站間的圖文訊息比較及統整
五	讀寫平衡	組織與呈現	D3 清楚適當引用或改寫他人的資料及結論

教學五步驟：閱讀、理解、探究、整合、發表

雙閱讀素養的目標是：讓學生擁有自學新知的能力。如果以五堂課來規劃，第一堂課可以從課本文章開始。這時適合選用沒有太多生字難詞的文本（老師不用花太多時間做文意解說），但文章中又能承載議題。

在確認要探討的議題後，假如是公共議題，可以比對是否跟聯合國永續發展目標的議題相關，並且定義學習任務。若環繞著學習任務重新檢視文本，會發現有些段落跟學習任務比較相關，需要精讀，有些則較不相關，可以略讀。這時，老師可以示範如何略讀、如何精讀，以及如何做筆記。

定義學習任務後，可以物色第二個紙本，在第二堂課做更為展開的探究，並且複習第一堂課學到的技巧和能力。在閱讀第二個文本時，老師要

以任務為導向的學習

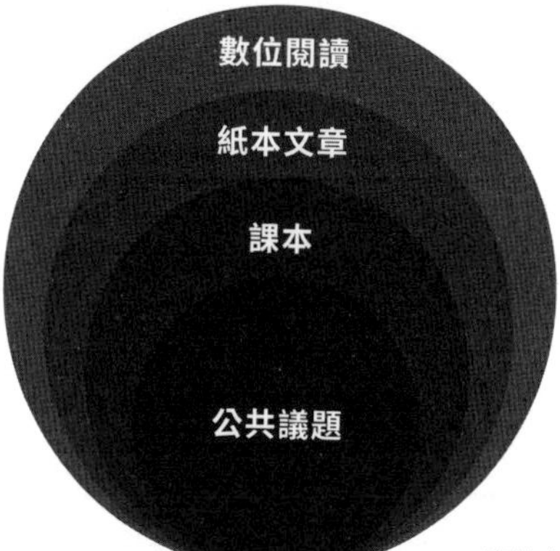

資料來源：柯華葳教授閱讀研究中心

引導學生去覺察：「**同一個主題讀了兩篇，有沒有什麼是第一篇沒有說的？**」

為什麼要這樣的自問自答？因為在數位時代，如果我們上網找資料，總共查到了三篇，但發現後面兩篇跟第一篇說的一樣，只要從這三篇裡選一篇即可。如果內容不一樣，就可以把新的訊息、概念、關鍵字補充進來。在充斥大量資料的時代，孩子很需要發展「對訊息理解監控」的能力，因為這能協助他們評估，在這個文本之中，有哪些訊息跟自己的學習有關。在下一堂課進行網路搜尋時，這能力能讓學生更快瀏覽那些檢索結果，回應學習任務。

在兩堂課結束後，可以先讓學生做一次整理和發表，讓他們透過這樣的過程中累積新的關鍵字，有助於之後的學習。

第三堂課則能讓孩子上網搜尋和瀏覽，並且記錄搜尋的結果。老師可以先示範如何用一個關鍵字、兩個關鍵字搜尋，例如「兩個關鍵字連在一起」的搜尋結果，跟「兩個關鍵字中間空一格」有什麼不同。從搜尋引擎的結果頁面先篩選訊息，再做重點記錄。在搜尋過程中若找到新的關鍵字，可以再重複一次剛才的過程。最後，透過上網搜尋，找出第三篇最符合學習任務的文章。

第四堂課與第五堂課，可以開始協助學生組織訊息，並且準備寫作或發表。這時老師的任務是讓孩子形成「寫作意識」，也就是去思考：「我讀了這些素材，要如何運用呢？」「我想要跟誰分享呢？」為誰而寫，為誰而發聲，在從讀到寫的歷程中，讓孩子形成「倡議」與「建議」的能力。

06 教出優讀者

孩子從基礎讀寫開始，到單文本的閱讀理解與多文本的雙閱讀素養，如果都能好好養成，就很有機會成為優讀者。

教學現場的老師有個無法迴避的議題，那就是孩子的家庭社經水準，會帶來學前讀寫能力的落差，而且從小學一年級開始隨著年級增長，會有弱者愈弱、強者愈強的馬太效應。如果要突破這樣的差距，老師需要在整個教學布局中，不斷關注「以學生為中心」的思維，並且放掉對孩子的不信任，相信他們可以做到。

舉例來說，我現在的工作有時要進班教學，會跟其他老師用同一份教案。上完課整理逐字稿時，發現一些有趣的地方。一樣的教案，當我們研究團隊打開課本給孩子看，會相信他們可以讀懂。

因此，當學生看到課本，很開心表示自己「知道某某」時，我們的引導會是：「哦！你為什麼會讀懂這個呢？你從哪裡知道的？」因為，當他發展出已知的詞彙時，我們會好奇他的過程，協助將隱而未顯的後設覺知拉出來。

另一位老師用同一個教案教學，孩子也知道某件事情，而老師的回應是：「你是先偷看了嗎？」其實老師是樂見學生學會，但很直覺認為小朋友是先看過才會。在聽錄音檔時，我發現老師本能較不容易相信學生。

孩子一旦覺察到老師不相信自己，就會慢慢去揣摩老師究竟想要什麼，一旦開始揣摩老師的心思，他們將因此增加很多學習的困頓跟勞苦，難以達到最終的賦能（empowerment）。

所以，建議老師偶爾可以回聽自己教學的過程，並且整理出逐字稿，說不定有機會看到自己某些不易發現的預設信念，有了這樣的覺察，則更能幫助學生往

雙閱讀素養與自主學習

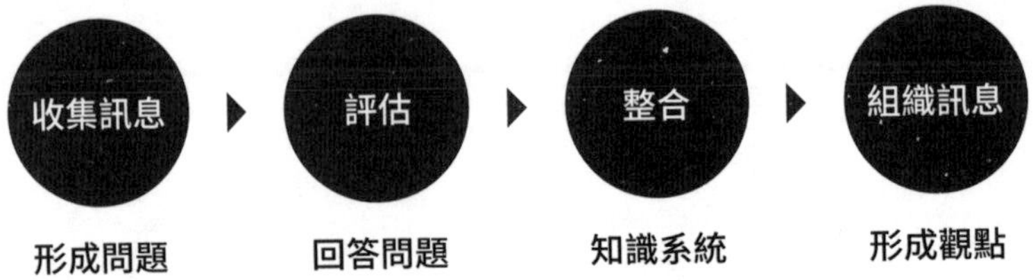

前，發展出數位時代優讀者需要具備的能力。

孩子何時開始不再提問？

在這樣的時代裡，網路上蘊藏豐富的資訊，孩子隨時都可以收集訊息。但是想要收集好資訊，則必須仰賴一個「好問題」。而問題就在於，孩子該如何問出好問題呢？回想一下，孩子在成長過程中，什麼時候會問出最多問題？又是從何時開始不再問問題？轉變的機制是什麼？

多數孩子在開口說話、經歷詞彙的爆炸成長期之後，如果家庭環境提供足夠的安全感，通常他就會不斷提問。到了學校，有些孩子仍然會問問題，但也有很多孩子不再提問。

這時，老師心裡可能會有一點惆悵和為難。因為我們心裡何嘗不希望孩子多提問？但是學校有段考，也會要求教學進度，如何保有孩子的好奇心又兼顧進度，實在是一種不容易的平衡。

要化解這樣的兩難，老師就需要被支持。

舉例來說，我如果是國中生物老師，很希望孩子可以探索知識，第一章要告訴孩子整個生物圈的概念。我當然知道上課不要只是平鋪直敘，但生物課一週就那麼幾堂，而且在國中三年裡，只有這一年可以教生物，會考這麼難，我其實沒什麼時間能讓學生展現好奇，尤其如果學生從國小升上來時，眼中已經看不到好奇了，想要重新點燃他的好奇何其困難！

在這種時候，即使我知道在課堂上，可以讓孩子有機會去收集訊息，最後的結果仍是長嘆一口氣，然後回到原先的知識密集授課，以此讓學生盡快掌握住學科詞彙。

從跨學科的校本課程落實

每位老師心裡可能都曾有浪漫的夢想，希望提供孩子自主學習的空間。如果我們要讓孩子成為擁有讀寫能力的新世代優讀者，同時又要發展跨學科的自主學習，這絕對不會是任何一位老師，在單獨的任何科目裡所能成就的事情，想要促成此事，最有可能的方式是校本課程。

也就是說，學校有某種機制去盤點同年級的各個學科，可以用哪個大概念（big idea）統整，再進行分科教學。在學科或彈性課程的時間裡，讓孩子去收集資訊，這可以運用於不同學科。

舉例來說，生物課教到「生物圈」，生物圈範圍是海平面上下垂直各約十公里、有生物體存在的環境。這時剛好數學課也教到正數跟負數，兩個學科就可以連動，產生「探索」這個大概念。而生物圈裡會談到海洋，如果連動到國文科，或許可以搭配海洋文學作家的作品。

如果可以這樣整合，才有機會在師生時間都有限的狀況下，讓孩子練習認識自主學習的實作。

因此，想要真正培養能在數位世代自主學習的優讀者，不是單一老師可以完成，而要仰賴靈活的共備機制。

簡而言之，自主學習意味著一個人知道自己想要探究什麼，並且形成一個具體的問題。他知道怎麼收集紙本跟數位的訊息，也了解如何評估哪些概念能回答那個問題。

最終，他會說出自己的知識系統，並在這個民主社會裡形成更好的觀點，這才是真正的優讀者。

有差別的閱讀

現在多數人只要在網路上看到推播內容，就會覺得這是新聞。但是眼見不一定為真，如果不常常自問：「**這篇文章跟我之前讀的一樣嗎？還是有哪裡不一樣？作者想要告訴我什麼？他為什麼要告訴我這些？我有被說服嗎？**」就會進入無差別閱讀的狀態。

如果我們不希望孩子變成這世代的新文盲，首先還是要讓他們有基礎的讀寫能力，以此做為起點，慢慢培養出優質的單文本閱讀能力。之後，透過學校裡建置的閱讀環境，引導孩子進入沉浸式閱讀，自然而然展開多文本的閱讀。

在多文本閱讀這階段，如果已經跟網路上的資訊有連結，這時就要讓學生有意識的避免「無差別閱讀」，不再對網路推播的訊息照單全收，要有判斷真偽、分辨新舊訊息的能力。

所以，在多文本的閱讀裡，我們會鼓勵老師重新思考：「現有的閱讀環境如何與學科的多文本連動，培養雙閱讀素養世代最重要的、『有差別閱讀』的核心能力？」

還有另一種狀況，也會讓孩子因為無差別閱讀而造成挫折感。

當老師允許孩子主動選擇多文本，例如希望孩子找出地緣政治對貿易的影響，學生基於本能，會無差別閱讀手邊找到的多篇文本，依序一篇又一篇的讀下去。這時孩子讀得是否順利、能否穩住，則要看他大腦裡有多少後設認知的策略：隨著新文本進來，上一個文本仍能保留在大腦裡，並且透過某種連結概念的方式收納新知。

有些孩子會發現自己愈讀愈沒耐性，並且產生挫折感。他的大腦裡究竟發生了什麼事呢？讀完第一個文本後，如果繼續去讀新文本，新的訊息量一直進入大腦，但這些新內容若沒跟大腦內既有的知識系統連結，那就接收不到，大腦也會感覺負擔沉重。這時大腦就會告訴他：「學這些東西太困難了，該休息了。」

孩子則會將這訊息解讀為「自己沒耐性讀下去」。

其實，人類的大腦常像法官一樣，判斷自己無法做到。但在學校的氛圍裡，我們會跟孩子說：「你要努力啊！努力就可以成功！」這件事也會成為孩子在閱讀時的一種內建態度。當他自認沒辦法做到時，可能就會覺得自己沒有達到老師的期望。

這種時候，老師能如何幫助孩子呢？首先是「理解」和「接納」。老師可以鼓勵孩子，發現訊息量過多而想要休息，這是很自然的狀況，好好休息才能學得更好。之後，我們可以教導他**多文本的閱讀策略：先掌握大概念，有些細節可以暫時放掉**。

由於大腦的本能模式是無差別閱讀，所以學生在課堂裡想要進到多文本閱讀，就需要多加練習，一步一步建立起成功的學習經驗，並漸漸感覺自己「可以抓到大概念」、「對學科詞彙愈來愈熟悉」。一旦學生對學科詞彙、專家用語愈來愈熟悉，就可以在網路上以這些做為關鍵字，好好一探究竟。

在數位時代只要有網路、有載具，任何人都可以大量閱讀。但我們不只希望學生無差別閱讀自己熟悉的主題，更期望他能在有興趣的主題下，使用專家的學科詞彙，透過網路搜尋，進一步開啟新的知識境界。

先學會單文本，多文本才學得會？這可不一定

從單文本到多文本閱讀理解的遷移過程裡，有些老師可能會主觀認為，如果學生單文本學不好，多文本一定也不行。但是實證研究卻發現，學生閱讀單文本跟多文本的能力發展，不一定是線性發展，亦即有些單文本讀不好的孩子，在閱讀多文本時卻非常出色！

這個實證研究是我們的研究中心與品學堂合作，以品學堂閱讀理解數位學習

系統的文本進行測試，總共有七千三百多位國小三年級到六年級的孩子參加。透過平台的評測機制，可以顯示出學生單文本的推論能力跟詮釋能力，以及跨文本所需要的統整能力。

結果發現，參加評測的所有孩子裡，有一三％的孩子單文本很好，跨文本也很好，這些是教室裡的「優讀者」；另外有三一％的孩子表現中規中矩，在單文本及多文本的理解上，都有PR五〇的穩定表現，屬於四平八穩的「穩讀者」；有九％的孩子不論單文本或多文本都很弱，是需要增能的「弱讀者」。

這次研究最大的驚喜，來自占比十一％的奇特族群。這些孩子的單文本表現在PR二五以下，但跨文本卻達到PR五〇以上，其中甚至有一％達到PR七五！有句台語俗諺說：「未曾學行先學飛。」一般認為，一個文本都沒有讀好，要怎麼讀兩個呢？但是這個研究結果顯示：「一個沒有讀好，仍有機會讀好兩個。」

就算一開始讀不太懂單文本，也可能讀懂並理解跨文本！

研究得知：單文本與多文本的閱讀能力發展，並非一定是線性。

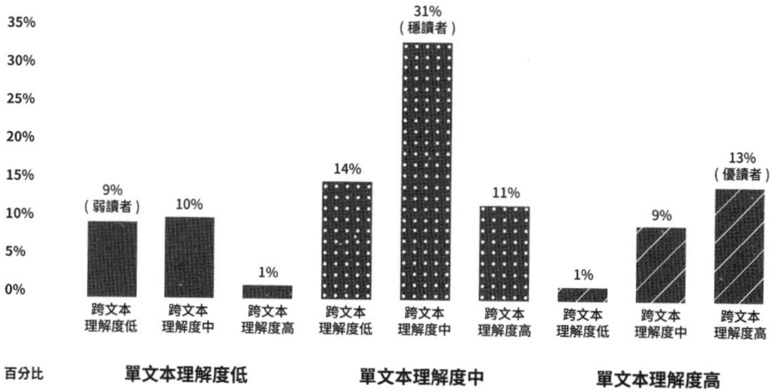

資料來源：柯華葳教授閱讀研究中心＆品學堂
樣本數：7300 位國小 3~6 年級學生

為什麼會有這種違反常情的結果呢？我的推論是，也許這些學生並非處於可以廣泛閱讀的環境，所以在單文本閱讀時會遭遇盲點。然而，一旦有機會以多文本互相補充訊息，他們掌握了連結資訊的方法，理解能力因此大幅提升。

另外還有一個族群的孩子，則是單文本理解很好（PR七五），多文本理解反而驟降（PR二五）。這群孩子從單文本進展到多文本時，需要多一點信心和閱讀策略的提醒。

上面的數字或許會讓老師看到，如果只把眼光投注在那些還沒學會的孩子，很可能造成災難式的恐慌。的確，有九％的孩子能力似乎一直上不來，成了「弱讀者」，引發老師的焦慮。但如果回顧前面提到的「優讀者」和「穩讀者」，其實學生整體的閱讀能力並不差。當我們用這些實證數字反映學生的學習真相時，老師就可以對學習成果有更完整的理解。

老師可以造就孩子的不同

談到閱讀能力，不免會提到「城鄉差距」。但不論是在城市或偏鄉，一定都有上述各類型的孩子。如果樂觀來看，即使是身處偏鄉的學生，只要碰到一位好老師，就有機會可以成長；反之，就算是城市裡的孩子，若老師沒有調整教學步伐，父母又不關注教育，他也會停滯在起點，遲遲無法前進。

面對新的時代、新的世代，此刻老師的心裡或許既樂觀也悲觀。樂觀的是，如今我們小學的孩子，每兩人就有一人擁有不錯的閱讀理解能力。但不容忽略的是，仍有些孩子需要助力，需要老師建構新的教學布局，他們才有機會成長。

的確，許多老師基於本能，不太容易相信學生能做到。但今天若能透過多樣的數據與嚴謹的資料，讓老師眼見為信，如此，我們就有可能重新打開眼睛，重新認識學生。

因此下一步可做的努力是，學術界導入更多學理驗證的評估工具，讓教學現場更能掌握學生的生態和實相。如此，未來教學現場的老師將因為這些實證的支持，重新裝備教學信念，調整教學設計，讓課堂裡的下一代因此培養核心能力，成為知識社會中具公民素養的「優讀者」跟「優學者」。

07 ChatGPT之後的教學策略

我還記得第一天註冊使用ChatGPT（Chat Generative Pre-trained Transformer，對話型自然語言預訓生成模組），就對這技術嘆為觀止！

那天我問的問題是：「我是一個小學老師，要為小朋友設計一個跟友情學習有關的課程，請推薦給我基本的繪本，做為備課參考。」結果，它展現出驚人的回應速度跟流暢的文筆，並提供精緻的文本分析。我在這過程中第一次感受到，過往我們在研究上很在乎的自然語言生成，ChatGPT已經發展成熟。

之後我問了第二個問題：「我在備課的時候，希望能讓孩子知道，學習建立友情的過程中，不是只有快樂。有時候在朋友之間，也可能會有誤會或競爭，但最後還是有機會化敵為友。你能不能再給我這樣的幾個繪本，供我參考。」它繼續以極快的速度回覆，給出了不同的繪本建議。

我的確從ChatGPT流暢的文字與回答裡，察覺到它能看懂我的問題，並且掌握我們想要的語意豐富度。例如我提到**競爭**跟**友情**，它提供的書單就有不同的競爭或敵對的情境。我因此推敲出一個想法：ChatGPT背後的某一種語意計算，很逼近人類大腦的語意網路。

回應速度驚人，但需要事實查核

當然，不可否認的是，由於上述的繪本介紹涉及事實性知識，它在生成的過程裡可能會出錯。簡單來說，ChatGPT會生成乍看煞有其事的一本書，但如果使用搜尋引擎或圖書館的檢索系統去查，會發現怎樣都找不到。

這是因為在它事先被訓練的那些資料裡，如果擁有你所需要的內容，就能給出正確的事實；如果缺乏資料，則是從語意建構出一個看似合理的事實性資料，以此回應你的需求。更驚人的是，如果去對照這個虛構資料的前後文，會發現竟然沒有違和感！

所以我也覺察到，如果要使用ChatGPT，需要具有「後設的批判性思考」，要確定內容是否有問題。一旦檢查過資訊是真的，仍然可以善用它提供的資料，做為輔助我們的好工具。

從第一天使用之後，我在偶爾有空檔時，也測試過ChatGPT的其他能力。例如我們的研究中心也有行政工作，站在管理的角度，我希望能累積生成流程性的標準化文件。為此，我給出非常精準的說明，明確講述老師的學習需求，以及我可以提供的專業知能。之後我告訴ChatGPT：「我們要陪伴老師發展教師研習課程，請為我們設計一個工作坊的課程，跟這個節次的安排。」

關於這部分，其實就很像平常團隊內部開會時的腦力激盪，但是ChatGPT的速度實在十分驚人！因此不能否認的一個事實是：只要具備正確檢核知識的能力，未來誰能善用ChatGPT，就可以輕鬆省力。

用ChatGPT幫助備課

在運用ChatGPT備課時，我會設定**學習目標**，依照想要的學習目標一再追問。在使用的過程裡，我發現自己需要產生一種**提問的模組**：首先是給它一個最大的架構；有了大架構之後，再依照這架構分出各個細項，並且依序提問。我是按著架構在與ChatGPT互動，而之後所生成的文本，就展現出我的思考。

例如我請它陪我一起備課，主題是「基本人權」，想要進行跨文本的教學，完整問答如下：

Q：我要為小學四年級的學生設計一個議題專題探究。這個議題是要讓小學四年級學生認識基本人權，可不可以先幫助我設計五節課的教學布局？

A：當設計教學布局時，需要先確定每一節課的目標和內容。以下是一個建議的五節課教學布局：

★第一節課：什麼是人權

⊙目標：介紹人權的基本概念，讓學生了解人權是什麼。

⊙內容：

人權的定義和意義

人權的歷史背景

人權的基本特徵

人權的種類

⊙教學方法：講解、圖片展示、討論

★第二節課：什麼是平等權

⊙目標：讓學生了解平等權的概念和重要性。

⊙內容：

平等權的定義

平等權在生活中的應用

平等權與種族、性別、信仰等方面的關係

⊙教學方法：講解、圖片展示、小組討論

★第三節課：什麼是自由權

⊙目標：讓學生了解自由權的概念和重要性。

⊙內容：

自由權的定義

自由權在生活中的應用

自由權與言論、信仰、集會等方面的關係

⊙教學方法：講解、圖片展示、角色扮演

★第四節課：什麼是尊嚴權

⊙目標：讓學生了解尊嚴權的概念和重要性。

⊙內容：

尊嚴權的定義

尊嚴權在生活中的應用

尊嚴權與人際關係、教育等方面的關係

⊙教學方法：講解、圖片展示、小組討論

★第五節課：保護人權

⊙目標：讓學生了解保護人權的方式和方法。

⊙內容：

保護人權的意義和方法

保護人權的機構和組織

保護人權的案例

⊙教學方法：講解、圖片展示、小組討論

透過以上五節課的教學，小學四年級的學生應該可以初步了解基本人權的概念和重要性。

ChatGPT的回答確實完整展現了這五節課的布局，但因為我有一定的教學經驗，知道自己的教學如果想要更精采，就需要從它四平八穩、授課式的架構中，再加入一些巧思與調整，提升學生的自主參與，確保他們能更投入學習。接下來，我就在這個教學布局裡，微調活動的設計。

我開始設計第一堂課，並再次向ChatGPT提問：**如何針對第一堂課的學習目標來設計課程，讓學生更能提升學習動機、投入課堂活動。**

若我具有學習心理學的先備知識，就能覺察到它的答案中，有哪些設計亮點補充了我的不足，再根據這點加以擴充。我也覺察到，我們的確是依照自己已有的認知基模去互動。在這個提問的過程中，提問者基礎的閱讀量跟閱讀涵養至關重要，一個人知道的愈多，追問的程度跟品質就愈不一樣。

即使如此，有些部分目前還無法被ChatGPT取代，也就是我們在前面章節曾提及，透過Google搜尋取得更多資料，大量閱讀後形成自己的觀點，進一步**深化學習**。這歷程牽涉到一個人經過思考後，在認知上產生的質變。現在ChatGPT對這部分還幫不上忙。

用ChatGPT協助討論

最近在大學課堂裡，我也帶著自己的研究生使用ChatGPT，幫助他們閱讀研究文獻。研究生都要讀前人相關的論文，讀完後還需要在課堂上分享這論文的貢獻。因此，我為學生示範如何運用ChatGPT架構問題。

我先是這樣問：「我是一個研究生，正在學習怎麼讀文獻，我要導讀給課堂同學聽，你會建議我如何進行呢？」

ChatGPT給出的導讀架構相當四平八穩，但我希望能更深入一些，所以繼續提問：「你剛剛呈現的這個架構，跟我們多數的論文架構是一樣的。但是，我如果想更進一步跟同學分享，這個研究論文為什麼重要，以及它在怎樣的脈絡下值得被研究。我想凸顯這個研究問題的重要性，以及它的研究貢獻的意義。我的導讀架構可以怎麼調整？」這時ChatGPT就會生成另外一個導讀架構。

我發現ChatGPT的導讀架構，就像平常我提醒學生的那些細節，但是它可以先幫助我們文字化跟架構化。有了這個架構，我就可以再協助及教導學生，如何運用ChatGPT產生的跨文本，進行文獻閱讀的整合。

換言之，**如果在教學現場要使用ChatGPT，第一步就是把老師大腦裡的專**

家思維，先透過ChatGPT的歷程展現，這樣能讓學生從新手更接近專家。

我也讓研究生做一個練習，當他們讀完一篇文章並寫出摘要後，就貼到ChatGPT上面說：「這是我針對某某論文的摘要，你能不能提供建議，讓內容更為精簡？」ChatGPT就會一段一段給予回饋。

創造個別化的差異教學

所以，在ChatGPT的幫助下，我可以釋放出更多時間，針對不同的學生做差異化教學。以前如果每個班有二十位研究生，我必須聽完每個人報告，才能給予回饋。但是讓學生操作ChatGPT後，老師個別指導的效能比以前更好。

目前在大學端的操作，我認為ChatGPT算是可信任的助教，可以協助調整研究生的學術論文寫作能力，而且是立即提供回饋。因此，我推測國高中以上老師面對的學生，基本閱讀量應該已經足夠，寫作能力也不差，或許可以讓ChatGPT陪他們練習寫作。

也就是說，透過ChatGPT這種更進化的對話機器人，未來的課堂勢必會出現更個別化的教學方式。但要不要採用及如何採用，這也關乎我們的一念之間。

多數人在發現ChatGPT有這樣的能力時，第一反應是：「哇！它會取代人類！」但是我自己使用後的反應是：「嗯，我應該會跟它共存一段時間。」在共存的過程裡，我可以怎樣運用它，讓自己更有人性？以前，我總是很匆忙的催促學生報告，很匆忙的給予回饋；現在，我可以更從容的告訴學生，如何透過這個文本生成的歷程，檢視自己的思考歷程。此時，我會因為這樣的從容，在課堂上展現更多的溫度。

所以，善用ChatGPT對老師的教學與學生的學習，都會產生有別於以往的模式，讓我們變得更人性化，也更有效率。

引導學生運用AI自主學習

ChatGPT可以說是上知天文、下知地理的知識輔助系統，但即使如此，不論是哪個年段的學生，如果沒有自主探究的熱情，一切仍與他無關。所以，學生必須自己做出選擇。

如果學生選擇讓ChatGPT幫忙寫功課，直接交給老師，那就只是把自己變成一個功課代理人。但如果孩子願意為自己的學習開啟新經驗，成為創新的學習者，ChatGPT絕對會是非常好的幫手。所以，學生的一念間會決定自己的未來，端看他們是想變成更好的優讀者，還是永遠當個功課代理人。

至於怎樣可以學得更好？這會因為學科屬性而有不同。例如寫程式有一定的方法，ChatGPT對此可能會給出很好的建議。但如果是具有多方觀點的議題，情況就會複雜一些。因此我們也會鼓勵老師，可以引導學生進行交流，面對ChatGPT加入課堂這個新的起點行為，讓大家一起思考如何運用這個好幫手。

個別化評量的配套方案

那麼，ChatGPT會影響到評量嗎？

其實老師評量的本意，是去引導學生覺察自己的學習狀態。一些大型評量（例如會考、學測）是為了「看出學生總結性的學習結果」（assessment of learning），以便配置下一階段就讀的學校。有些評量則是想「看出學生的學習歷程如何進展」（assessment for learning）。ChatGPT出現後，我推測對「學習結果」的大型評量改變不大。但針對學生學習歷程進展的提升，或是讓學生覺察他自主學習的架構，這部分就會有很大的改變。

過往我們在學校的評量，由於考量到人力的閱卷負擔，傾向使用封閉式的多選題或四選一的題目。如果未來ChatGPT發展得更加成熟，說不定可以幫忙閱卷。因此，我們可以一起來思考，未來是不是可以有更好的、針對學生進行個別化評量的配套方案。

有些老師出給學生作文或報告的作業，會預留一段師生來回修改的時間。同一份作業有兩個交稿日，第一個交稿日是學生交出第一次初稿，之後老師給予意見，再讓學生有一段時間調整、潤飾；等到第二次截稿日，再讓學生交出他完成的作品。這種預留時間讓師生來回修改，其實也是學習歷程的一部分。

根據班上實際進行的狀況，一些按部就班的學生會按照時間表，與老師來討論一次並完成作業。但如果有學生特別在意這份作業，很想把功課做好，在兩次截稿日中間可能希望跟老師反覆討論多次，但又害怕會占用老師太多時間，結果就此作罷。但未來這種情況將會改變，因為ChatGPT可以幫助學生聚焦，把自己的想法整理得更好。

如果未來能夠有機會，在評測的閱卷後端建置更好的語料庫，就可能會產生更好的質性描述，做為評量規準（rubrics）。如此一來，也許可以用科技閱卷產生逼近人類的閱卷品質，大幅降低人工閱卷的負荷。這樣，未來在教學現場，我們可以給學生更多建構式問題的評量，同時也能即時給出優質回饋。

老師如果能夠善用ChatGPT，他的學生很可能變得更有學習熱忱、樂此不疲，得以進入來來回回，不斷更新、不斷進步的學習歷程。如果老師不太擅長使用ChatGPT，恐怕仍必須承擔高度的評量負荷。在我的想像裡，如果我們有機會創造出一個與ChatGPT良性合作的機制，老師們應該會有更多時間可以休息，並且有餘裕去思考，該怎麼幫助每個學生找到他們的學習優勢。

在這樣充滿可能的世代裡，期待孩子都能成就更有質感的學習，享有老師更多的陪伴，並因此成長茁壯。

part 4

直擊教學現場

01 程可珍、彭美慈老師×南一國語課本
從小學課文出發，五堂課鍛鍊雙閱讀素養

程可珍（嘉義市垂楊國小教師）
彭美慈（彰化縣靜修國小教師）

明蕾教授看課堂

從單文本到多文本是雙閱讀素養最基本的教學規格，這裡以五堂課來示範，給予學生最完整的雙閱讀素養學習體驗。但如果學校的課堂時數無法很快調整到五堂課，以至少兩堂課來執行多文本，也是權變的做法。

這次的教學設計，在文本分析後，首先會設定具備主題和議題取向的學習任務。一開始進行單文本閱讀，老師會帶領學生，透過略讀找出與學習任務相關、需要深讀的訊息，並且透過深讀來詮釋上位概念。

在單文本閱讀之後，老師會提供另一篇文本，讓學生再次練習從略讀到深讀的方法。之後則是帶學生比較、統整兩篇文本相似或相異之處，藉以擴展他們的視野，並有機會形成好奇，進行之後的數位閱讀探究。

在數位閱讀之後，開始組織此次學習任務的相關訊息。此時，老師會希望學生能形成自己的觀點，也邀請孩子把本身的想法**書寫成短文，用以表達自我或說服別人**。

以下我們使用南一版四上國語課本第九課〈阿白觀察記〉，做為教學設計的示範。

第一堂課　紙本閱讀1

——評估：從文本中找出與閱讀目的有關且明顯的訊息

這一堂課的關鍵字是**循環**與**週期**。老師帶領學生透過閱讀文章，找出觀察到的訊息，並且察覺生物的週期。操作順序則是從教師示範到小組共作，然後再到個人的練習。

上課一開始，老師先問一個問題：「大家有沒有發現，每一天的白天跟黑夜會反覆出現、不斷循環？」隨後邀請大家想想，除了白天和黑夜外，能不能從生活裡找出其他反覆出現、循環不斷的例子？如果有，請小朋友寫在筆記本上。接著請大家與身旁同學分享自己想到的例子，並且聽其他同學們有沒有說出自己不知道的事情。

老師可以與學生分享兩個會反覆出現、循環不斷的例子，一個是月亮的圓缺，另一個是星期與月分的計算，再邀請大家來思考：「白天黑夜的循環、月亮

第一堂課：從課文餤白頭翁求偶的週期現象起步

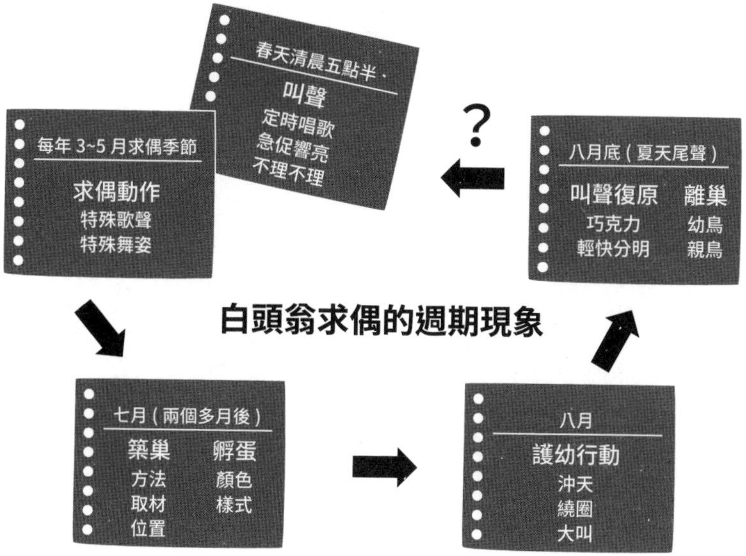

的週期、每星期的反覆，有沒有什麼共同點？請小組用一分鐘討論看看。」

老師要傳遞的訊息是，以上三種更替，都可以稱做「週期」。之後大家一起討論，這三個例子的週期時間分別有多長？

例如白天跟黑夜是一天，星期一到星期天的更替是一週，月亮的圓缺大約是一個月。

在討論結束後，就可以向學生揭示這次的學習任務：「動物也有生命週期」，一起來找動物身上有什麼生命週期現象。老師請孩子翻開課本的第八十六頁，這是已經讀過的〈阿白觀察記〉。

文章中作者觀察到的是白頭翁求偶，老師可以問學生，白頭翁求偶是不是一種生命週期的現象？在這個週期中，白頭翁會有哪些動作跟哪些行為？老師先用課本的第一段示範，如何先透過略讀選出需要深讀的訊息，接著再以深讀去詮釋上位概念。

老師示範標記與學習任務有關的字詞，也讓學生學習標記，把相關訊息整理在便利貼上，再將便利貼分門別類，按照時間順序重新整理。最後，透過整理學習任務的訊息，能看出白頭翁求偶的週期是每年的三到五月。

第二堂課　紙本閱讀 2

——增加一個文本，再次評估及整合：進行多文本閱讀的比較及整合

老師加入第二個文本，要讀的是南一五上的〈護送螃蟹過馬路〉這篇課文。我們一樣請小朋友帶著目的進行文本的閱讀。這次的閱讀目的是「找出與動物週期相關的訊息」，觀察重點為「時間」跟「行為」。老師的做法跟上一堂課一樣，請小朋友安靜閱讀這篇課文，在螃蟹身上尋找關於生命週期的訊息，並且劃線標記。閱讀與標記完畢後先自己查找，再跟組員核對彼此的想法。

老師邀請學生拿出第二種顏色的便利貼，用上一節課整理訊息的方式，把螃蟹週期的訊息整理在便利貼上。可以提醒小朋友先寫出時間，再摘要出跟週期相關的訊息內容。

再來是進行兩篇文章的歸納。請學生找出白頭翁跟螃蟹之間，有哪些相同及相異的概念？老師可以發一張尺寸較大的圖畫紙，請學生將這兩份整理過的便

第二堂課：比較與整合白頭翁與螃蟹的求偶週期

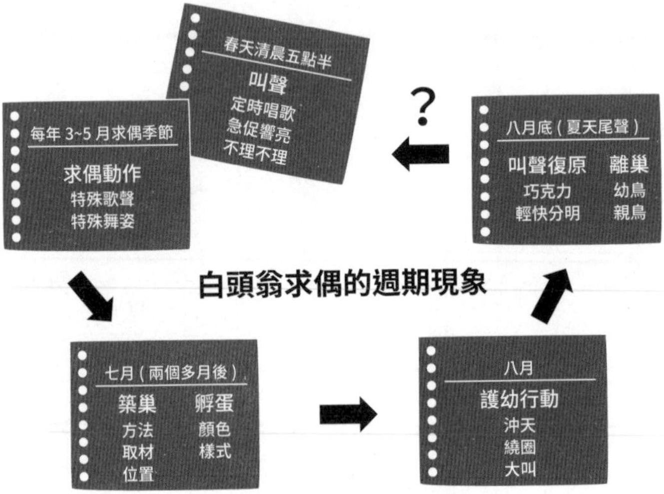
白頭翁求偶的週期現象
每年 3~5 月求偶季節
求偶動作
特殊歌聲
特殊舞姿
七月（兩個多月後）
築巢
方法
取材
位置
孵蛋
顏色
樣式
八月
護幼行動
沖天
繞圈
大叫
八月底（夏天尾聲）
叫聲復原
巧克力
輕快分明
離巢
幼鳥
親鳥
?
春天清晨五點半
叫聲
定時唱歌
急促響亮
不理不理

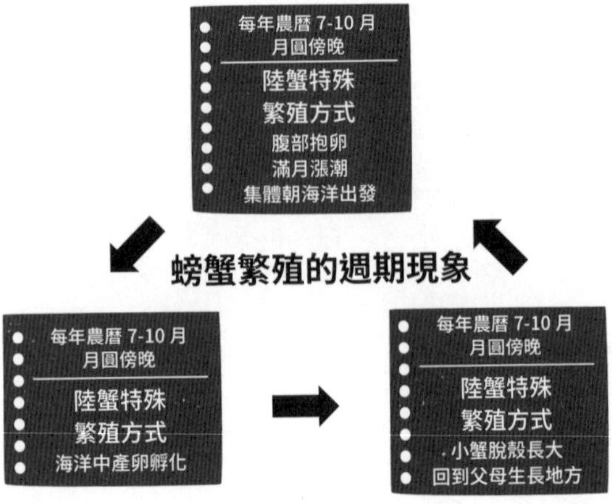
螃蟹繁殖的週期現象
每年農曆 7-10 月
月圓傍晚
陸蟹特殊
繁殖方式
腹部抱卵
滿月漲潮
集體朝海洋出發
每年農曆 7-10 月
月圓傍晚
陸蟹特殊
繁殖方式
海洋中產卵孵化
每年農曆 7-10 月
月圓傍晚
陸蟹特殊
繁殖方式
小蟹脫殼長大
回到父母生長地方

利貼筆記，都排列在同一張圖畫紙上，透過這樣多文本的歸納做比較，並且讓孩子發表。

最後，老師可以詢問孩子：「經過這兩堂課，有沒有什麼引起你好奇的地方？」為下次的網路探索暖身。

第三堂課　數位閱讀

——評估和整合：針對閱讀目標，進行跨網站間的比較及統整

第三堂課，首先要再次確認我們想要探究的主題是「動物的週期」，並且連結到這堂課想用網路查找哪些新的好奇點。老師可以示範自己想知道什麼，例如第一堂課讀的白頭翁是在天上飛的，第二堂課讀的陸蟹是在地上爬的，牠們都有某種生命週期。那麼在水中的魚類，例如鮭魚，是不是也有生命週期呢？

這時，老師先示範如何在網路上用Google輸入關鍵字，可以採用組合式的關鍵字：「**對象＋我想研究的主題**」，因此輸入「鮭魚＋生命週期」。輸入關鍵字按下搜尋之後，網頁會出現不同的標題，指向不同的網站連結。此時，可以帶領學生一起查看，在這個出現查詢結果的頁面中，哪些標題及內容摘要可能跟學習任務相關呢？邀請小朋友一起來判斷，並且說說看為什麼。

如果搜尋到不錯的影片，而且片長不是太久，就可以播給學生看。針對中年級的孩子，我們還不會讓孩子在課堂時間打開自己的平板搜尋，而是由老師鎖定一個設定好的網站，邀請孩子去搜尋。在這裡，老師可以發下平板給學生（建議兩人一台，可以促進合作學習），掃描老師提供的QR Code觀看影片，並且注意影片中與學習任務相關的訊息，如果有看到，就要暫停影片，把這個訊息記錄在筆記本上。

老師記得提醒孩子，如果還不了解所有語詞的意思也沒關係，只要關注和學習任務（「動物的生命週期」）有關的訊息即可。看完影片之後，再邀請孩子歸

公共電視「台灣特有種」
鮭魚產卵，力爭上游影片

用三種不同顏色的便利貼，方便學生做統整與移動

納他們所做的筆記，用前兩堂課示範的方法整理成便利貼。

第四堂課 讀寫平衡 1

——組織和呈現：清楚表達出符合任務、目的及讀者觀點的文章或訊息

開始組織素材，準備寫作。老師可以發下尺寸較大的圖畫紙，邀請學生回顧過去幾堂課看的兩篇文本、一個影片，將其中找到與「動物生命週期」相關的內容與整理過的便利貼，全部貼在圖畫紙上，並且看著這些整理出來的內容，思考他們想要表達的重

第四堂課：讀寫平衡

(1) 邀請學生從三篇文本整理的便利貼筆記中，挑選想書寫的的內容。

(2) 從挑出的內容來思考，想表達的見解是什麼？

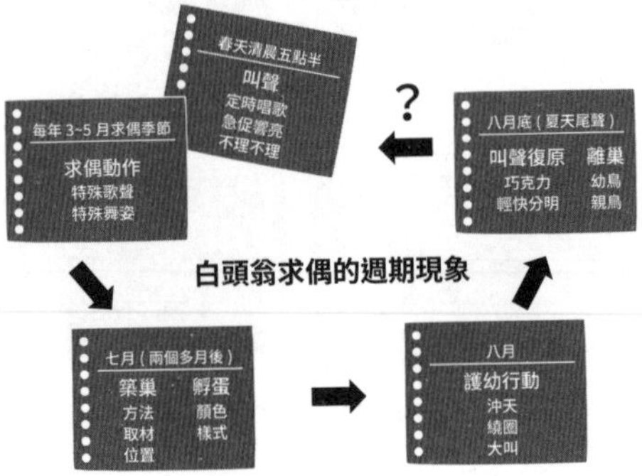

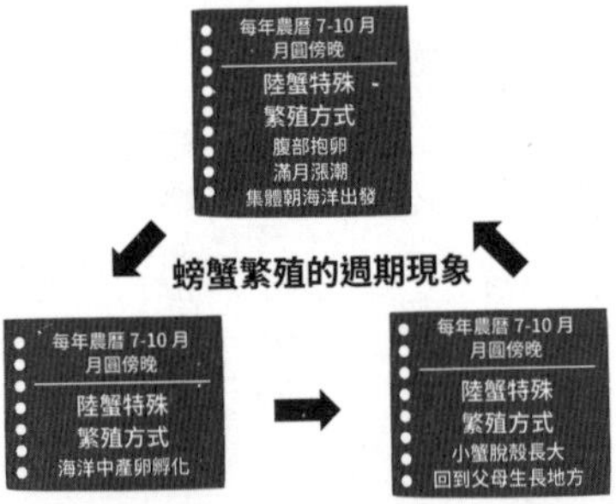

鮭魚的生命週期現象

點。

第五堂課　讀寫平衡 2

——組織和呈現：清楚適當引用或改寫他人的資料及結論

請學生將上次整理的素材組織成小短文。老師可以引導學生去思考：「這篇短文的題目會是什麼？前言會寫什麼？在這次學習任務完畢後，我想要表達的觀點跟想法是什麼？感想是什麼？」當學生完成創作後，可以邀請他們發表。

最後，老師回顧這五堂課的學習歷程，並且告訴孩子們，根據主題來進行多篇文本的閱讀及整合訊息，是未來學習的趨勢，希望他們有機會就要多多練習，讓自己更加熟練。如此，就能成為擁有雙閱讀素養的小達人。

（課例提供：柯華葳教授閱讀研究中心）

【三研而立】影音教學示例
程可珍老師示範
南一課文〈阿白觀察記〉

02

吳韻宇老師×四步驟的數位平台任務

留白×共創，陪孩子進入華麗的思考冒險！

吳韻宇（前教育部中央團課程諮詢教師、
現任桃園市教育局入校專案陪伴教師）

明蕾教授看課堂

雙閱讀素養教學是理論與實務相互引導，淬鍊而出的教學智慧。每一位老師即使選用同樣的教材，課堂風景卻可能不同。資深的吳韻宇老師，帶我們看到她對現場教學的觀察、體悟與進化，這些教室裡的種種，成就了師生共創的「一場華麗的冒險」！

在我過去教學的這三十年，碰到了教育圈幾個很大的轉變。我經常會想起《雙城記》裡面的一段話：「這是最好的時代，也是最壞的時代。」但我習慣把這段話顛倒來說：「我們碰到最麻煩、最辛苦的世代，但是對我們來說，卻是最好的時代。」因為這代表身為教師的我們，自己的能力要開始跟著提升了！

在接觸到「雙閱讀素養」這個名詞前，我的教學很早就進行了跨域跟跨學科的嘗試。後來更了解雙閱讀素養的內涵，知道在閱讀教學領域，雙閱讀素養特別強調紙本跟數位閱讀（或者是實體跟線上教學）同時並進的學習模式。對我來說，這是未來我們教育勢必要前進的方向，在閱讀教育上更是如此。

不恐懼也不過度期待

就我現在觀察現場老師的狀況，第一個要克服的應該是「教學的心態」。有的老師一開始非常恐懼，所以不敢上路；另外也有很多熱血老師，一開始抱持太大的期望，想讓學生進入數位學習，但之後卻感到相當失望，因為發覺學生的數位處理能力不如預期。所以在心態上，我覺得可能要採取**積極的態度**，但是**保守的前進**。

在一〇八課綱的十九項議題中，本來就包含「閱讀素養」。在談到閱讀素養時，特別提及閱讀媒材不再只限於紙本閱讀，還包括數位閱讀、影音、影像，甚至以後的虛擬實境，可能也會變成閱讀的環境。

過去兩年，線上教學讓老師們感受到，要同時進行學生的線上教學跟數位閱讀，真的是難上加難。因為在線上教學的環境裡，班級經營變得有點虛無，學生好像在你眼前，又好像不在，很難掌握他們的狀態。

因此，我對老師的建議是，即使現在的實體課程能跟學生面對面，也要利用這些機會引導學生，盡快熟悉數位學習與數位操作，先把基本功打好，以便未來能夠應用。

過去我們做為老師，或許太聚焦於「想要教給學生什麼」，所以學生比較難建構自己的知識體系，包含從文本當中去了解自己，以及文本與整個真實社會之間的關聯。如今透過數位環境，學生能在自己的學習中找出自己的路徑，進一步去搜尋、整理、歸納。

另外，數位學習一定會跟「輸出」有關係。在整個數位環境下，我們搜尋到的資訊和內容，如果沒有經過整理、沒有跟別人分享，就會變成個人的隱形思考，看不到具體的呈現。所以，數位學習有一個很重要的環節，就是「如何從輸入到輸出」，呈現自己學習之後的變化。

雙閱讀素養教學的樂趣

進入數位教學後的第一個樂趣是，我發覺好像在課堂上多了很多助教。以前老師都會整理好要給學生的教材，很清楚自己每堂課要講什麼。如果讓學生透過搜尋自己去學習，不覺得這就好像我們隨時準備了好多暗樁，在數位環境中等著他們去闖關嗎？

第二個樂趣則是，我最喜歡的課程形式是「帶著學生進行一場華麗的冒險」，就連我都不知道他們會闖到什麼地方。如果每堂課都可以預期學生會學到什麼、擁有怎樣的能力，我覺得那就少了一點教學的刺激。

如果說我們保留一些空間，以學生為主體讓他們自主學習，在這樣的學習模式中，可能每位學生走的方向都不一樣，不覺得這是很值得期待的事情嗎？

在這樣的過程中，學生有機會長成他自己期待的樣子，而且學習不限於知識，還學到了探索歷程，以後可以複製這樣的學習歷程。這才是真正能陪孩子未來終身學習的能力。

在學習的過程中，有個階段是「自我詮釋」，也就是使用自己的語言，重新說出對一件事情的看法與觀點。我一直認為，若老師給學生的素材太單一，他們其實無法去比較、分辨，進而得出新的發現。

例如在課堂上，老師要全班一起讀一篇文章，並且仔細分析那篇文章，接下來要求學生說出自己的看法，這實在太難了。因為大家看的素材都一樣，就好像是一言堂，學生能說出什麼呢？

但如果是在數位的學習環境，有來源不同的素材，有人是從這個角度去看張愛玲，有人則透過另外一個角度。這時，學生就可能發現不同的角度，延展出其他的學習。

在數位學習的環境中，老師就是提供學生一個起點，接下來他們可能會看到不同的面向，並獲得新的發現。有了更多的文本論據，學生或許會找到跟別人不一樣的素材，後續經過討論、發表，甚至是接下來的寫作，對學生幫助會最大。

因此，我認為語文科如果能夠加上數位學習，真的會讓學生對文本的體會更加不同，而且老師也會發覺，學生在很多方面變得更多元、更成熟，也更加有話可說。

學生的數位能力不如想像中好

閱讀的最高層次是「主題閱讀」。在紙本閱讀時，有些老師相當認真仔細，願意幫學生補充很多文本，但在數位學習的環境中，學生可以去找尋多元資料加以比較。

我一直覺得多元很重要，只有透過數位學習的環境，每位學生才可能建構更多不同的學習路徑，並且發現自己跟別人哪裡不一樣。當他們發現自己能學到跟別人不同的東西時，那才是學習最大的樂趣！

至於在雙閱讀素養教學的情境中，學生有哪些讓我意外的反應呢？

我想先提正面的部分。**當我開始把平板帶入教室後，發現學生的眼神不一樣了**，因為他們注意到課程有一些新鮮的變化。以前老師上課時要引起動機，但有了平板之後，學生因為自己能主動學習、主動發現而充滿熱情。此外，他們還可以掌握自己的學習進度，不一定要跟旁邊的同學一樣。

但讓人很意外的是，學生的數位能力並沒有我想像中好。我一直認為現在的學生是數位原住民，在數位環境中學習與操作應該不成問題。但後來發現並非如此，學生的數位能力也呈現雙峰落差：有些孩子的數位操作能力很強，有些孩子的數位能力頂多就是打打電動。

除此之外，我發覺學生在搜尋資料時，有時會有斷章取義的狀況，因為在數位環境之中，他們無法完整看完一些資料，所以通常抓到什麼句子與詞語，就直接當成答案。

也有一些老師會好奇：「在雙閱讀素養課堂中，要如何才能讓學生保持專注力呢？」其實就像平時的班級經營一樣，班級常規一定要說清楚。今天我們使用這個載具做什麼，要讓學生清楚知道自己的任務，例如老師說他們要使用這個平板來進行幾項任務，先從哪一篇文章出發，接下來從這篇文章之後，要去找到關鍵字等。

在時間掌控上，我會讓學生知道，有多少時間可以去完成這任務。如果有些小孩速度比較快，提前完成了任務，我會允許他自己再額外連結到其他網頁。因為我們自己也身處於數位環境，在亂滑之中常會看到一些驚喜啊！

另外，我希望學生能整理這個過程，所以一定會請他們加上筆記，例如記下自己搜尋的關鍵字，可以用紙筆來做筆記，或者用備忘錄、雲端白板、Padlet等工具。總而言之，這些都會幫助學生在「滑」的過程中，得到具體呈現的成果，並可以相互觀摩分享，更收斂在我們的課程任務上。

讓課堂有留白共創的空間

老師要如何為雙閱讀素養教學做好準備呢？以我學做菜的經驗為例，之前我都是捧著食譜，只能看食譜上有什麼菜色。但我覺得那很無趣，因為被限制住了，只能用食譜提供的做法和食材。

後來我想到，想要煮什麼料理，取決於自己有什麼食材，於是上網去看YouTube，其中有很多關於「某食材可以做些什麼」的影片，同樣一道菜還可以比較不同人的做法，從中選擇最適合自己的方式。我覺得這才是真正為我設計的學習。如果老師用以前的方式來教學生，就很像我早期看到的食譜那樣，學生只能夠看老師給自己的東西，如果他覺得很無趣，當然就沒有熱情。但在數位環境中，孩子可以選擇自己喜歡的材料，並且結合不同的內容。

因此，我想先談的就是「心態」，如果我們還是抗拒雙閱讀素養的教學模式，其實是與真實世界背道而馳。建議老師們先把自己當學生吧！畢竟我們在接受師資培訓課程時，根本還沒有這種學習方式。我們也是一張白紙，必須要親自經歷這樣的歷程，苦民所苦，才有辦法知道可以在什麼地方努力，幫助學生克服他們的困難。

在開始用平板教學後，我會請學生給予回饋。有學生提到，他覺得自己思考的方向更多了；有學生則表示，他不僅知道自己的想法，還可以了解別人的想法；另外一位學生寫道：「我從整理資訊的過程中，更清楚知道自己的想法從何而來。」還有學生說：「這樣我真的比較喜歡閱讀了！」這些收穫真的很棒！

我發現，當我們願意為學生留一些空白與停頓的時間，讓他們慢慢去思考，可能就會慢慢發現，孩子跟以前不一樣了！因此，我想與大家分享一個在課堂教學的實例。

在此特別說明，數位閱讀畢竟與紙本閱讀不同，這是在帶領學生進入數位環境的閱讀暖身課程，透過一些步驟方式，讓學生更精準有效的閱讀，之後學生在網路學習的探究中就更得心應手了。

閱讀單篇數位文本的做法：鮭魚之亂

在學生面對龐大網路訊息時，我的雙閱讀素養教學做法是「先讓他聚焦」。前年暑假，當時疫情最為嚴重，我和學校另外兩位老師，剛好有機會帶國中數資班和語資班的學生，一起進行了線上的閱讀營隊。

那時我想讓孩子練習看數位文本，為了避免他們被網路上不相關的素材干擾（例如廣告），我採用了品學堂的數位理解平台，做為上課的第一篇文本。我選了二〇二一年春天最熱門的新聞事件：鮭魚之亂。當時一家壽司店為了促銷，宣布一個新的活動：只要姓名裡有「鮭魚」二字的人，入店就可以免費用餐。

在數位平台上的這篇文本，以一則新聞加上數則網友留言組合而成，情況近似於網路新聞，文章下面總有民眾各抒己見。在這類型的文本中，新聞固然提供

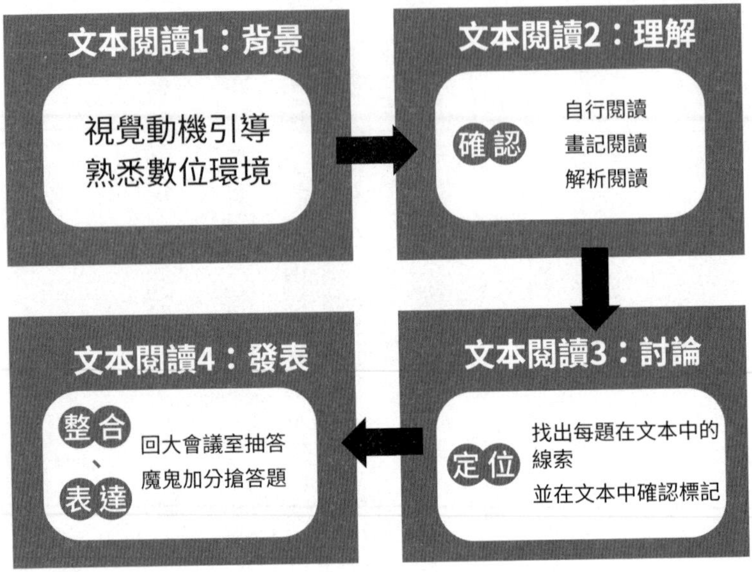

了背景資訊，但考題通常會集中在新聞後面的留言區，對學生來說，這是可以模擬真實情境的閱讀理解挑戰。

上課節奏如下：在引發動機的部分，我直接讓學生看文本後面延伸閱讀所附的短片，輕鬆但具體點明了這次上課的主題。之後，讓學生把同樣一個文本讀四次，而每次都有不同的任務。

一、**讀第一次**：首先進入平台，讓學生自由閱讀這一篇，然後直接在平台做題目。此時可以

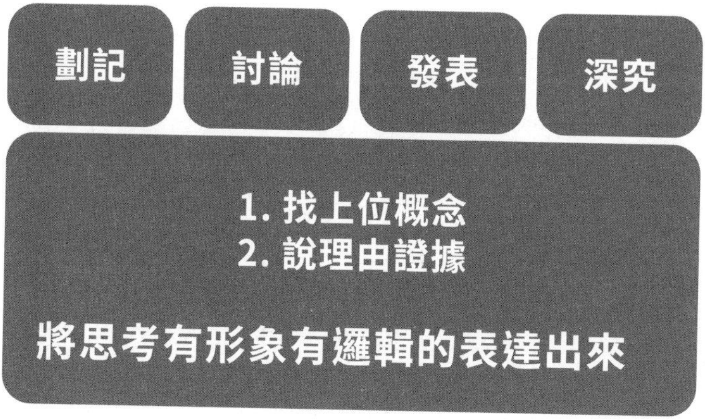

看出，答題正確率可能不是很高，因為這篇文章的確有點難度。

二、**讀第二次**：再請孩子讀一次，但讓他們學著運用平台的劃記功能，找出題目可能的答案，再標示在文本中。

三、**讀第三次**：分組閱讀文本解析。

四、**讀第四次**：回到大班報告，使思考有憑有據、有形象、有邏輯的表現出來。引導他們找出上位概念，說明理由根據。

我在教這個文本時有個體會：「面對這種類型各異的數位文本，我的確是跟著一起教學相長。」我們在教課本內的素材時，因

吳韻宇老師受訪podcast：我在雙素養教學之路的探索(上)

為比較熟悉，所以能夠勝任。這次因應新聞事件所產生的新文本，因為裡面含括了法律議題，所以老師需要多做些功課。但是只要有準備過一次，就能延展我們教學的疆界。

另一方面，學生是如何回應這閱讀數位文本的初體驗呢？

將近一半的孩子在課後心得回饋中，覺得聚焦在一篇文本的劃記和討論，對自己來說非常困難。我想若是如此，孩子在做數位探究課程前，更需要加強單篇理解的訓練，這是他們雙閱讀素養學習的起點。

（資料取材：【黃國珍的podcast】閱讀——未來——雙素養ＥＰ三、ＥＰ四）

03 從T型圖表達到光譜表態的思考探究課

陳雅文老師×議題導向的新聞討論

陳雅文（桃園市光明國中閱讀暨國文教師）

明蕾教授看課堂

議題導向的雙閱讀素養課堂，是老師教學上的一大考驗。尤其在國中以上設定的課堂議題，常常沒有標準答案，有著多方觀點的兩難處境，需要老師適時引導思考。陳雅文老師運用閱讀一個文本做為起點，逐步擴增到多文本、多視角、多觀點的五堂閱讀課，讓學生從原本的直覺思考，蛻變為兼具理性與感性的多元思維，整個過程彷彿一場知識的戲劇，十分精采！

桃園市素養導向優良教學示例
輔導團員組光明國中陳雅文老師
〈竊賊〉課堂討論學習單

老師如果看到一則引起公眾討論的新聞事件，如何把這樣的新聞轉化成議題導向的課堂實境？我想分享我們校內的彈性課程，這系列課程融合了雙閱讀素養教學及議題探究，為全校八年級學生創造了一次不尋常的探究經驗。

幾年前發生一則引起公眾熱議的社會案件：一對年輕夫妻出外吃晚餐，回家時發現家裡有賊。男主人是海軍陸戰隊退伍，懂得格鬥技巧，而女主人則身懷六甲，已近臨盆。丈夫為了保護妻子而進入格鬥模式，在浴室逮到竊賊，兩人經過一陣徒手相搏，竊賊不支倒地。之後男主人報警，警察到場將竊賊送醫，結果仍不治身亡。

男主人這樣是正當防衛，還是防衛過當呢？當新聞披露法官判決這起「勇夫護妻案」，指出男主人防衛過當，可以緩刑但需賠款時，社會輿論譁然。這當然是很值得探究的議題，於是我就以品學堂根據這案件改寫而成的文本〈竊賊〉，做為跟學生討論的起點，帶領他們展開了總共五堂課的探究。之後這個教案很榮幸獲得「桃園市一一〇學年度教師素養導向優良教學示例（特優）」。

「竊切思語」教案規劃

課程主題	八年級校本彈性課程 竊·切·思·語				
目標	閱讀文本		歸納統整		表達看法
時間 課程	第一節 T圖表態	第二節 討論發表	第三節 討論發表	第四節 討論發表	第五節 討論、光譜表態
課程活動	從 理解事件 到 表達看法	從 分析事件 到 理解知識	從 視角分析 到 看見事件	從 尋找資料 到 擴大對事件的已知	從 分析事件 到 確定立場並表達觀點

第一堂課——T圖表達[7]

先讓學生閱讀品學堂平台上的〈竊賊〉，閱讀計時十分鐘，並進行文本後的評量，而且寫下關於〈竊賊〉文本的三個發現。課堂上可能討論到的面向是：

一、從文本與評量裡，學生可以發現，這是一個由不同身分的人，以不同視角組織起來的事件。

二、接著可以看見文本中，各方對這個案件有不同聲音。我引導學生們思考：「自己閱讀之後，心裡的聲音是什麼？」在大家思考後，請學生進行第一次的表態：你認為屋主是有罪／無罪？老師

7 作者注：T型圖是一種分類圖，針對主題兩方列表說明，透過直觀的比較及對照，澄清概念和觀點。

可利用T型圖，請學生二選一，並請他們說明原因。

三、在分享原因時，老師會協助學生看待這些理由，點出應該有的覺察。我會引導學生去觀察，哪些是自我價值觀或情感表述？哪些是根據自己看見的線索去表態？

第二～三堂課——討論發表

在這個階段，我會透過逐步提問引導學生去思考：如果你是法官，你如何思考這個棘手的案件？法律上又該如何檢視相關的每一個細節？

從這裡開始，也帶入一些孩子們會喜歡、亦莊亦諧的延伸閱讀資料（附在品學堂文本後面），並且讓孩子們觀看「台灣吧」製作的《荊軻刺秦——被追殺可以殺人嗎？》在觀看影片時，我選擇採取「三次閱讀法」，每次閱讀都會給予不同目標，幫助學生吸收影片的資訊。

第一次閱讀重點在讀懂故事，掌握人物與事件。除了要清楚知道受害者（荊軻）、被告（秦王嬴政）、檢察官（李斯），還要能用一段話說清楚荊軻、秦王之間的糾葛。

第二次閱讀目標是看見立場，能說明被告與檢察官各自的立場與理由。在這個階段，學生可以透過討論來回頭檢核自己第一次閱讀時的事件紀錄是否周全。因為當事件情節被簡化得太多，學生便無法以完整的理由來說明檢察官（李斯）認為秦王過失致死的部份在哪裡。

第三次閱讀目標是讀懂法律。先引導學生去思考，當我們把事情盡量看得清楚之後，我們是有足夠法律知識下判斷的人嗎？我們知道何謂正當防衛嗎？將影片中的法律知識挑出來確認，並解釋適用範圍，以此深入探討「勇夫護妻案」中，觸及法律中的「堡壘原則」及「比例原則」。

桃園市素養導向優良教學示例
輔導團員組光明國中陳雅文老師
影音演示

第四～五堂課——光譜表態

至此，學生對於相關的法律知識雖然有理解，但〈竊賊〉文本其實是由四個人從不同時間／角度組合的故事。因此，到目前為止，我們其實並沒有足夠的各方資訊，幫助做出最後的判斷，於是我另外補上法院判決書，做為第三個文本。

最後，請學生上網查找網友們的想法。既然文中有提到網路上各有意見，不如就讓學生上網搜尋一下各方意見，了解其他人如何討論這則新聞。在資料查找過程中，他們就會發現各種理性與感性的討論。最後，再請學生進行第二次的表態：你認為屋主是有罪／無罪？並說明原因。

在反覆修正課堂的過程中，前期上課時我前後兩次表態都是使用T圖，透過票數統計，會看見學生立場發生改變：在後期時我則只有第一次使用T圖，第二次使用從正當防衛到防衛過當呈一條線的「光譜表態」裡，了解自己是傾向哪一方，讓學生意識到「看待同一件事本來就會有多元想法」。

追加的第六堂課——模擬法庭

後來，我也嘗試過再追加一堂課：進行模擬法庭的演練，讓學生扮演各方代表人。我在正式進入模擬法庭前會先引導學生，以先前《荊軻刺秦》的三次閱讀思考法來看待〈竊賊〉案件，並且讓他們意識到以下幾件事：

一、我能否將事件還原？

二、我能否以檢察官／竊賊的角度來說話？（他們會學習之前課堂上荊軻跟秦王如何引用證據、行為來說話。）

三、其他網路收集的資料，有哪些可以成為我的參考資料？

所以，三次閱讀法可以在課程中連續使用。前面之所以敘述《荊軻刺秦》的理解過程，是為了支持學生再次理解〈竊賊〉一文，重整自己的思維。

也許某位同學支持勇夫正當防衛，但要站在檢察官／律師主張過失致死的立場，並且說出理由。正是在這樣的過程中，學生會產生出新的同理心，也因此理解了換位思考的意義。如果我有為學生追加模擬法庭，則會將第二次的表態移到這堂課。

經過幾堂課的充分討論後，情勢有了微妙的變化。支持「防衛過當」的學生變多了！當然，也有人始終覺得這是「正當防衛」。我請大家再次寫下自己的立場，以及支持該立場的原因。這時可以發現，孩子們用的字彙比第一次更加深思熟慮，在申論自己的立場時，似乎也想要兼顧情、理、法，希望能夠做出周延的判斷。

在短短的幾堂課之間，孩子因此變得更加成熟，提升了身在法治社會的公民素養。

04 從迷惘到迷人的數位學習進化論

陳珮汝老師×品學堂閱讀理解〈真實〉

陳珮汝（台北市興雅國中國文及閱讀推動教師）

明蕾教授看課堂

雙閱讀素養教學最大的特色，是能夠透過課程設計，展現「以學生為中心」的課堂。陳珮汝老師從十年前至今一再進化的教學設計，飽含著對學生的理解和關愛，又同時兼顧了思辨的訓練，帶領孩子回到自己的人生做出反思，是令人感動的課堂。

在國中的教室裡，我常常碰到迷惘的孩子。在課業上沒有成就感的孩子，覺得迷惘；在課業上能夠勝任的孩子，也覺得迷惘。十年前，我開始思索一件事：「要怎樣讓這些孩子的『迷惘』，在我的課程中蛻變成『迷人』的探索？」

這樣的起心動念讓我突然意識到，孩子在課堂上可以轉換身分，就像是線上遊戲一樣，每個遊戲裡都可以有不同的身分，展現出不同的力量。我期望能透過課堂賦予學生任務，讓他們的力量被自己看見，也被別人看見。

十年前有一次，我開始在課堂裡，讓孩子自訂主題並進行專題探究。當時他們提出的題目當然不是橫空出世，而是來自《閱讀理解》雜誌的某一期主題〈真實〉，其中多元的主題激發出許多靈感。

那時孩子們剛考完會考，在校時間還有一個月，我不希望他們虛度光陰。在品學堂《閱讀理解》雜誌創刊前，我的學生就是試寫題目的人，會把針對題目的疑問回饋給編輯群。如此，我這班級的學生在校三年間，實質接觸了許多閱讀理

根據《閱讀理解》學習誌的當期封面主題，讓孩子自己挑選想閱讀的主題（下表淺灰底標題），也可以跳脫雜誌框架，自己選擇與「真實」大概念相關的議題（下表深灰底標題）

真實

- 電玩，玩不玩？
  - 電玩和你想的不一樣
- 保杰，我跟你說
  - 生活中的偽科學
  - 媒體識讀：論現今媒體之弊端
- 睡姿密碼
  - 巴拿姆效應
  - 睡姿與潛意識
- 古蹟保衛戰
  - 古蹟存與廢
- 呼吸也是一種權利
  - 想要深呼吸
- 尋找外星人
  - 有外星生命？
  - 尋找外星人
- 彈弓效應
  - 彈弓效應的應用
- 阿塔卡瑪沙漠
  - 觀星聖地阿塔卡瑪沙漠
- 一起自拍吧
  - 自拍現象之探討
- 虛擬歌手
- 資本主義下的經濟，自由嗎？

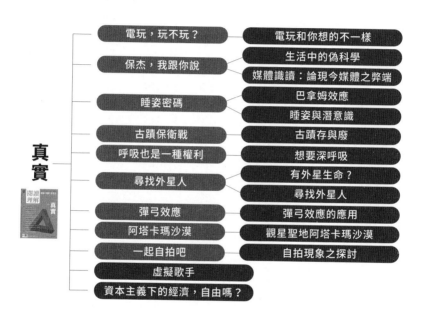

解的題目。因此，我希望畢業前能送給孩子不一樣的成年禮：製作畢業專題。

從畢業專題開始的探究

如今回顧十年前這些孩子提出的題目，我依然覺得他們很厲害。許多大人會認為國中孩子還很不成熟，總是說些幼稚的話，但我想要為青少年孩子說話。若孩子前面十多年的生命少了某些經驗，從來沒有人等待他思考，也沒有人願意聽他說話，又如何能期待孩子說出打動人的話語？

即使我在台北教書，一個班級二十八人，總是有孩子不會寫字：某些字只會寫注音符號，或是一段文字有二十個錯字。我對這樣的孩子感到好奇：「如果他不會寫字，那他會什麼呢？」

前面那張題目單裡的主題，有些出自資源班的孩子，有些出自國文考試三年都沒及格過的孩子。然而，**即使是考試無法過關的孩子，我也不覺得他們不能學習，他們會思考、表達，而且會修正自己的想法**。

其中一組資源班的孩子，在學校常被貼上負面標籤，但他們告訴我：「老師，我們在電玩的世界裡可是無所不能啊！」後來，這些學生用一個月探究「電玩」這主題，並且有了發人深省的結論。

另一方面，班上有幾位成績好的孩子，有時會因為成績好而被酸，他們就去探究「酸民」這現象，想知道為何如此，並且在最後的反思中提出：「國家的發展需要多元，而人際之間需要更多的愛與包容。」

有位學生在學校被視為異議份子，他透過一次到中國旅行的經驗，體會到民主自由的可貴。一位資優生則是透過佛洛伊德的理論，回顧自己所受的家庭教育，並因此看出深層的意義，以及自我調整的方法。另一位家有過動兒弟弟的學生，在經過一番探究與反思後，寫下了「不乖造就不凡」這個體悟。

讓孩子學他想學的

我一直以來的想法是：「讓孩子有選擇權去學他想學的，我的角色是幫助孩子如願。」但我畢竟是一位國文老師，對於其他領域的知識不一定精通，所以到了後來，品學堂主題多元的素材，就變成我課堂的常備資源。

我的課程不是要直接教孩子知識，而是要幫助他建立思考的脈絡。如此，孩子自然能在網路世界裡，連結到他所需要的知識。

也就是說，學生不必符合我心中對他的期待，但我陪孩子達到他心中對自己的期待，若能如此，他會感受到真正的快樂。這十年來，我希望幫助學生做到的是：「**透過跨域的摸索發展多元思考能力，奠定自主學習的基礎**。」

過去我使用品學堂的雜誌，現在開始使用數位平台。過去我的學生是去圖書館，利用其中僅有的六台電腦，分組擠在一起查寫資料，現在可以生生用平板，學習如何在數位時代建構自己的思想體系，讓本身的知識形成網絡。

課程設計脈絡：透過跨越的探索，發展多元思考能力，奠定自主學習的基礎

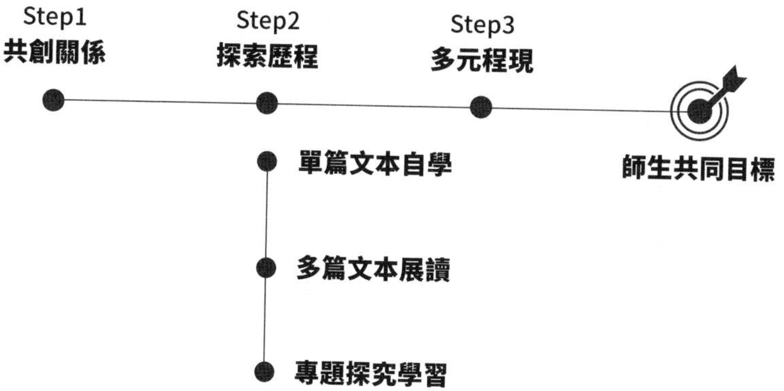

關於課程設計的脈絡，我注重的是孩子從文章裡學習到簡稱ASK的知識（Knowledge）、態度（Attitude）、技能（Skill），以及每個任務的檢核點。由於這堂閱讀探究課是全年級四百多個孩子的必修課，所以課程目標與衡量向度都要做精確考量。到目前為止，上過課的孩子共有一千五百多人。為了符合每個孩子的期待，**課程設計的關鍵是：不能忽略課程開端「共創關係」**這一點。

共創關係，我的原則就是老師少說一些話，給孩子多些機會說他想學什麼。老師像是導航系統，只要孩子能說

出想學什麼，就如同在導航上輸入目標，而我只給建議而不做批判。換言之，我是扮演引導者的角色，我會調整自己的狀態，好奇學生的目標和思緒，並且願意賦權，先相信學生能做到，讓他們自己有目標、有意願進一步學習。

我的課程脈絡是從單文本自學，多文本展讀，到專題探究學習。每堂課四十分鐘，我會運用十分鐘說明，二十五分鐘讓學生操作平板，最後五分鐘請他們把平板收起來，說說自己學到了什麼。

每堂課有訊息的「輸入」，更要有資訊的「輸出」。我重視孩子說出的資訊品質而

教師提示選文的標準

我選擇，我當責！

挑選你感興趣的文章

1. 我選擇的議題類型與篇名？
2. 文章內容主要在談 ＿＿＿＿＿ ？
3. 我期待透過文章學到的知識／態度／技能？

學生寫下自己選文的理由

劉彥杰 2022 年 10 月 07 日 05：53UTC

生態工程師

我選擇的文章是：生態工程師

我原來以為的知識是：人類會用一些比較環保的材質製作房屋，盡量不傷害到環境，房子上會放太陽能板或是種植植物，減少能源的耗費，像是北投的圖書館。但事實上這篇文章所說的生態工程師是河狸，他們製作的窩（水壩）能讓當地生態環境變好，變得夠多動物能居住。但是因為人類渴望他們優質的皮毛，大量獵捕，導致各地的河狸數量大減。後來人們引進其他地區相近的河狸 ， 把地方生態變回去（以前有河狸的時候）。

我期待從這篇文章學到的知識：人類能不能自己做出類似河狸的水壩，進而改善當地生態環境。

我期待從這篇文章學到的態度：到底為什麼人會無法抑制我們的欲望，大量獵捕無辜的小動物，難道是大腦野性本能嗎？

我期待從這篇文章學到技能：閱讀能快速找到重點的能力，因為像是我讀國文文章，都讀很久。

一開始當我決定要點進這篇文章時，我以為他是要說一個有名的生態工程的生平事蹟。

知識：這篇文章使我知道可能一隻小小的動物，也可能改變很多的事情。但事情也都有雙面性，當一個東西有很大的功用時，可能也會有不小的危害。

態度：這篇文章使我知道，人們常常在為了自己的利益，做出許多傷害他人（動物）的事情，這篇文章使我對那些小動物的看法改變了許多，不再忽視任何的小生命、小細節，因為這些小東西都很重要。

技能：我在看這篇文章時我先大概讀過去，然後再去做題目，然後透過題目來了解這篇文章的中重點

教師用Padlet安排閱讀任務，並透過筆記知識點，引導學生寫下不同立場的觀點

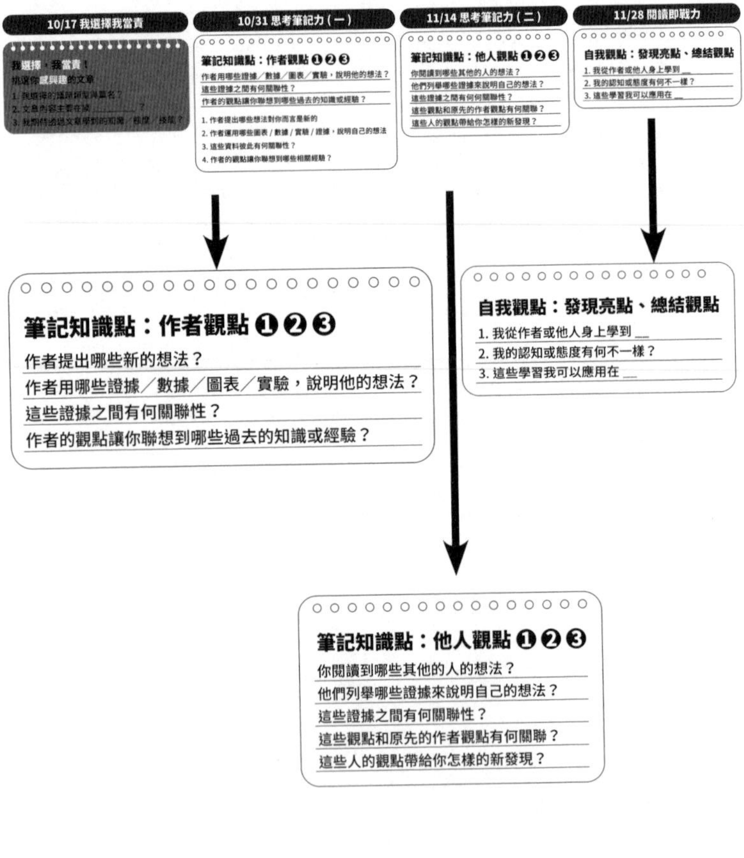
10/17 我選擇我當責
我選擇，我當責！
挑選你感興趣的文章
2. 文章內容主要在談 ____？
3. 我期待透過文章學到的知識／態度／技能？
10/31 思考筆記力（一）
筆記知識點：作者觀點 ❶❷❸
作者用哪些證據／數據／圖表／實驗，說明他的想法？
這些證據之間有何關聯性？
作者的觀點讓你聯想到哪些過去的知識或經驗？
1. 作者提出哪些想法對你而言是新的
2. 作者運用哪些圖表／數據／實驗／證據，說明自己的想法
3. 這些資料彼此有何關聯性？
4. 作者的觀點讓你聯想到哪些相關經驗？
11/14 思考筆記力（二）
筆記知識點：他人觀點 ❶❷❸
你閱讀到哪些其他的人的想法？
他們列舉哪些證據來說明自己的想法？
這些證據之間有何何關聯性？
這些觀點和原先的作者觀點有何關聯？
這些人的觀點帶給你怎樣的新發現？
11/28 閱讀即戰力
自我觀點：發現亮點、總結觀點
1. 我從作者或他人身上學到 __
2. 我的認知或態度有何不一樣？
3. 這些學習我可以應用在 __
筆記知識點：作者觀點 ❶❷❸
作者提出哪些新的想法？
作者用哪些證據／數據／圖表／實驗，說明他的想法？
這些證據之間有何關聯性？
作者的觀點讓你聯想到哪些過去的知識或經驗？
自我觀點：發現亮點、總結觀點
1. 我從作者或他人身上學到 __
2. 我的認知或態度有何不一樣？
3. 這些學習我可以應用在 __
筆記知識點：他人觀點 ❶❷❸
你閱讀到哪些其他的人的想法？
他們列舉哪些證據來說明自己的想法？
這些證據之間有何關聯性？
這些觀點和原先的作者觀點有何關聯？
這些人的觀點帶給你怎樣的新發現？

非數量。老師給予學生清楚的問題思考，將有助於加強孩子在閱讀中的思考與自我對話。

我在課程中會善用padlet[8]，為每班都創建一個padlet版面，也會讓學生用padlet記錄自己的學習歷程。

一堂課進行一個任務，讓每個孩子選一篇自己想讀的文章，並將他的ASK寫出來。

如果不同的學生選擇同一篇文章，就形同孩子自己進行了不同觀點的共備，所以我從來都不擔心他們選到同一篇文章，因為每個人思考的層次跟制高點都有所不同。

8 作者注：Padlet是一家教育科技新創公司，提供雲端軟體即時服務與協作平台，用戶可以在這個平台上傳、組織和共享內容到稱為「padlets」的虛擬布告欄。有免費版亦有付費版，可設定共同編輯，運用班級中可點讚投票給分和上傳作業，也支援不同班級學生相互交流。

同一篇文章，可以從不同的切入視角，整合多元的新知點。此外，我也會鼓勵學生做筆記，並且可以運用這樣的提問：

除了引導學生從作者的觀點出發外，更開展到他人的多元觀點，最後提出自己的學習新知點，形塑個人觀點。

在分組交流時，同組夥伴可以透過「三好一加油」的溝通方式，分享自己的學習和發現，並且給同學回饋，帶動他們的鑑賞能力及高層次思考。

在文字與圖表中閱讀關聯，在思考與辯證中理解價值

身處於數位時代，我們的生活不缺碎片化訊息，但缺乏系統性知識。想要統整自己說得出來的知識，需要時間醞釀與等待。我曾聽到學生說：「老師，我們不想吃知識的廚餘。」既然如此，我就鼓勵他們透過以上課堂學到的方法，把閱

學生在Padlet上呈現自己的任務成果

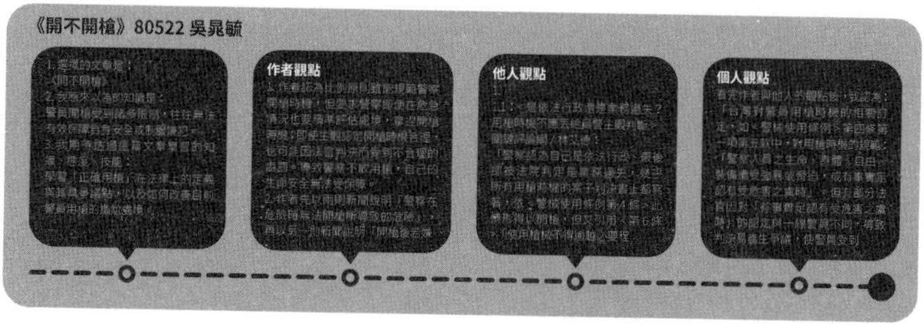

讀之後的知識萃取出自己的養分，而這就是自主學習真正的王道。

在每個孩子探究的過程中，我經常陪伴、理解他們生存的困境。這些困境會對應到他們內在的課題，而這也是我這些年來堅持不懈，繼續陪孩子走下去的根本原因。我在陪伴的過程中，常看到孩子小小的心靈中有大大的智慧，並為此相當感動。期待有更多孩子能在課堂上打開思考、勇於探索，從而建構自己的思考維度，成為擁有大自在與真智慧的終身學習者。

05

裘旼旼老師×彈性課程〈閱讀探險家〉

在差異中看見多元的閱讀設計課

裘旼旼（桃園市中壢國中教師）

明蕾教授看課堂

看到裘旼旼老師以「一條河流」來形容課程設計的構思與執行，感覺非常真實而貼切。老師們原本設想的課程起點與終點，是一條筆直的河道，但實際與學生互動之後，河道會在意想不到的地方曲折迂迴。但也通常在這樣意想不到的地方，孩子學到了他們的功課，即使那不是老師原來想教的內容。這就是教學的奧妙。

說起老師在「課程設計」最常碰到的困境，我覺得是時間與選擇的兩難：教學時間永遠不夠，所以在課程上必須做出選擇。這選擇並非隨興無據，而是必須回到最源頭的「課程設計」。

我常把課程設計與執行想像成一條長河。我們會設定孩子最後要抵達的終點，以終為始，從起點帶著孩子乘風破浪。但在現實中進行課程的過程裡，河道不會一帆風順，會經歷過許多波折與轉折。

課程中有許多小單元，每當我們想好要做什麼，在與學生互動後就會發現，課程的河道好像變得彎曲，課程的走向似乎有點改變。每個小單元預想的目標，都無法準確按照規劃的路徑走，老師突然覺察，自己彷彿離原本設定的課程目標愈來愈遠。這種偏離是許多現場老師共同的焦慮，甚至會影響我們對自我能力的認同度。

其實偏離並不可怕，偏離相當正常，重點不是完全精準的達標，而是能否覺察現況、正確歸因與適時修正。一堂課不是在教案上完成，而是在現場付諸實現，甚至要到課後的省思與收束，才算大功告成。

如果同樣一堂課，同一個星期在不同的班上執行。第一次上課必定有不如預期的地方，然後會在上到最後一個班的過程中，慢慢修正成較符合實際的目標。也就是說，老師是靠著一次又一次的評量，一次又一次的修正目標，才能克服種種混亂，重回原來的河道。

偶爾因受到時間、資源的擠壓，老師也必須縮減河道、調整目標，即使如此，只要我們課程設計的核心不變，相信學生仍能達到部分預計的教學目標。

為什麼課程需要設計？

老師與學生因為世代背景的差異、人生經驗的不同、背景知識的落差……

我們想要傳達給學生的概念，他們不一定能接收到，兩者之間宛如有一道鴻溝阻隔。但是，課程設計就像一座溝通的橋梁，讓兩邊可以自在交流，使教與學能夠互通，達到預期的效果。

在設計課程時，最重要的是以下三點考量：

一、**符合目標**。自問：「我想要讓學生理解什麼？」不斷緊扣這個教學目標去設計課程。

二、**符合邏輯**。自問：「課程前後有連貫嗎？」檢視每個段落間的關聯，找到可以承上啟下的遷移點。

三、**協助學生**。自問：「我考慮過學生的感受嗎？」覺察並分析每個學生的困境，找到他們需要幫助的點。

基於以上三個重點，我希望能透過教學鷹架與教學方法的設計，讓孩子自在的學習。所以，首先我們要問的是：「閱讀課的教學目標是什麼呢？」針對這個問題，我曾試著歸納出以下幾點：

一、**興趣動機：**有閱讀的興趣與動機。

二、**理解詮釋：**能夠理解和詮釋文本的內容。

三、**利用習慣：**有利用圖書的習慣與能力，或是有保持閱讀的習慣。

四、**創作表達：**從閱讀輸入的資訊，能在消化後變成自己的創作表達輸出。

五、**生活應用：**在生活中應用文本中的知識、技能或情意。

六、**生涯探索：**透過文本閱讀思考並探索自己的生涯發展。

七、**生命省思：**透過文本分析省思與理解生命的意義。

鎖定了一個教學目標，我會再進一步自問：

為何（Why）：我為何要教這個？

什麼（What）：我用什麼來教？

如何（How）：我如何教？

當然，也會有人疑惑：「為什麼是先決定教學目標，而不是先決定要讀什麼？」關於這點，我認為無論是先看到一個文本，之後思考要教什麼去設計出課程；或者先想到要教什麼，再尋找合適的文本去設計出課程，這兩種方式其實都很合理。

無論採用哪一種方式，都能夠讓我們在選擇之中定下課程的終點，並且回看起點，思考從課程的起點到終點，孩子會有什麼變化呢？我想可能是「能力的變化」，從無到有；也可能是「擁有新的經驗」，在課程進展的過程中，他看到什麼、想到什麼，最後有所省思。

因此，根據所設定的目標（終點）與考慮學生的起始狀態，就可以寫下課程發展的脈絡，例如說到興趣動機，可能是**認識自己／他人互動／分享世界**；談到創作表達，可能是從**感受**、**理解**到**表達**；理解詮釋的進程，也許是從**短文**、**長文**擴及**全書**，或是從**快讀**到**細讀**，最後提煉出**觀點**。

最後，以我們學校民國一〇八年的彈性課程為例。〈閱讀探險家〉課程為期兩年，這個課程設計想要達成的目標，是讓孩子了解到彈性與多元的人生樣貌。也就是說，我們希望透過課程的進展，讓學生發現到：「每個人都是獨特的，因此人生可以有與眾不同的思考。」

教學目標落實後，在學生七年級時，我們希望他們能理解自己是如何**接收訊息**、**形成意義**。到了八年級後，就期望孩子能從自己的理解進一步**詮釋**，**能夠建立自己的觀點**。這個課程有橫向線性的推進動線，從七上的手工書展到八下的

〈閱讀探險家〉課程設計

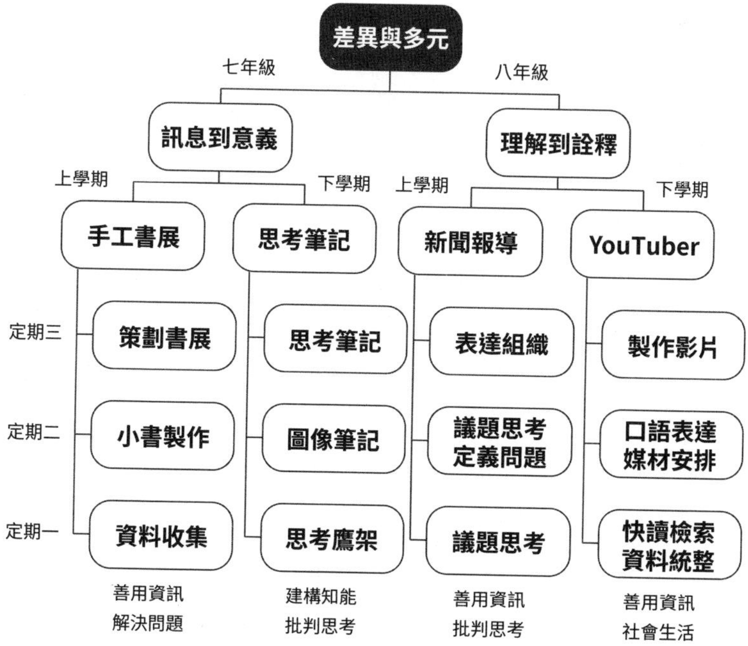

資料來源：中壢國中108年入學版本

YouTuber。每學期也會有縱向的課程脈絡，例如七上是由資料收集走向策劃書展，學生都知道課程架構的全貌。課程最後的終點，則是讓孩子以「如果我和世界不一樣」為主題，用YouTuber的手法發表自己的影片。

雖然實際執行這套課程有點辛苦，但我們也慢慢走過三個學期。到了第四個學期，時間來到二〇二一年五月，眼看終點在望，卻遭逢疫情爆發。五月十九日開始「停課不停學」，所有拍攝計畫全都暫停，當然也無法如原本的規畫完成任務。後來我們只好調整主題，讓學生以〈未成功的YouTuber展覽會〉為題（剛好配合那一年的會考寫作題目），發表自己的未完成作品，說明原先想做什麼、已經做了什麼，以及對這件事的看法。

由於調整了課程內容，所以多出好幾節「空白」未安排的時間，我們便讓學生進行一些獨立單元的課程，例如網路搜尋的技巧等。我們對於未能好好收束課程感到遺憾，也惋惜無法達到預想單元核心「如果我和世界不一樣」。沒想到在學期結束前的一起事件，讓這個課程又有了回到核心的機會。

取材時事，討論兩難抉擇情境

當時在「三級警戒」期間，各地方教育局紛紛指示各校，應將畢業典禮改為線上進行。此時，有某所中學卻因考量到學生情感，一反規定在校內辦理實體畢業典禮，因此引發新聞熱議。

由於該議題既符合時事，也符合課程的核心概念，我決定把這新聞事件加入課程裡，做為媒體識讀甚至個人價值兩難選擇的討論。我在課程裡提供很多不同觀點的資料，學生依照資料給予的順序，開始進行各種兩難抉擇。最後，我請學生們思考：「這次的時事議題，你所取得的資料是由老師提供。你認為主動或被動取得資訊，對你做出判斷有影響嗎？為什麼？」

這就回到整個課程的終極提問：「如果我和世界不一樣。」在人生中的很多時刻，我們想法會和周遭的人不同，我對孩子的提問是：「如果你和世界不一樣，那是擁有逆流而上的勇氣，還是逆向行駛的莽撞？你如何選擇，決定了你將成為什麼樣的人。」

不論是課程或教學，我們生命中都充滿各種遺憾。課程如同一條長河，在各種遺憾與彎彎繞繞的過程中，卻可能灌溉了岸邊肥沃的土壤。我們無意間栽下的種子，可能在意想不到的時刻發芽。雖然因為閱讀課程轉成線上教學，兩年後並沒有拍影片，轉為讓學生自行完成〈未成功的YouTuber展覽會〉作品，但看到學生最後完成的影片，卻可以知道他們也嘗試突破難關，並且做出了自己想像中的作品。

選擇是一種兩難，但在兩難背後不變的是「課程設計的初心」。課程永遠是雙向的，在我們引領學生探索生命的同時，也回應了自己的初心！

（資料取材：品學堂二〇二二年夏季「雙素養研習」）

06 每天二十分鐘，小學生兩年讀完五十本課外書

許慧貞老師×閱讀馬拉松

許慧貞（花蓮市明義國小閱讀教師）

明蕾教授看課堂

在小學階段，孩子如果能夠透過「廣泛閱讀」來累積關鍵字庫，這樣的歷程會成為受用終身的知識資產。許慧貞老師是兒童閱讀專家，她建構了一份涵蓋十二大領域的完整書單，帶領小學高年級的孩子，用兩年時間讀完五十本書，這是非常神奇的閱讀旅程，也是孩子受用一生的祝福。

我在擔任小學高年級的導師之後，心裡萌生出一種使命感，就是必須把握這兩年，將孩子需要的人生經典帶給他們！

因為這樣的堅持，我這些年來帶領高年級的孩子，每天閱讀二十分鐘。千萬別小看這二十分鐘，如果持之以恆讀下去，在小學五年級到六年級這兩年，班上的孩子可以讀完四十八本跨領域的兒童閱讀經典，書單中包括十二大類[9]，每大類各選出四本，其中有人際關係的議題，也有探索世界的軌跡，從《少年小樹之歌》到《紅樓夢》兒少版，涵蓋古今中外的作者；從《安妮法蘭克日記》到《一百五十三天的寒冬》，跨越二戰歐洲直到蒙古草原。

我將這種閱讀馬拉松視為一場「閱讀策展」，而為了吸引孩子參與，在跟他們互動時不但要有巧思，偶爾也要用點「心機」。首先，老師要選一本孩子會喜歡的書。我在五年級的上學期初，就會請學生到我前面排隊，並且宣布：「我會根據你的面相，選一本適合你的書。」他們因此半信半疑的聚攏過來。

看到男孩一副很皮的樣子，我就遞給他《湯姆歷險記》；至於看起來很文青的女生，我會說：「你可以試著看《一百五十三天的寒冬》嗎？你感覺就像在絕境中願意冒險的女生！」當然，看面相選書也不是每次都準，但只要孩子感受到我的真心，這樣就足夠了！

另外，我還用了「十加十」這個閱讀巧計。我為學生安排每天二十分鐘的閱讀時間，是十分鐘加十分鐘的組合。午休時間，從十二點四十分到十二點五十分，這十分鐘是我們班孩子的聽書時間，我會唸書給他們聽。每天中午吃完午餐後，他們可以閉眼趴在桌上，享受十分鐘的「聽書」。

我是怎麼準備素材呢？通常會針對故事背景知識進行說明，描述其中部分

9 作者注：十二個閱讀主題，由「自我成長」出發，漸漸擴及「同儕之間」、「家人之愛」、「愛與關懷」、「自然之愛」、「童年生活」、「生命之美」、「兩性關係」、「人物傳記」、「史地故事」、「冒險與幻想」，再進入「戰爭與和平」。

精采情節，或是讀一小段書裡引人入勝的小故事，有時則是分享一些研究過本書的人，為何會如此熱愛這本書。

剩下的十分鐘，學生可以回家讀，或是在當天找下課或放學的十分鐘空檔，留在教室讀。讀完之後，就在那一天的小日記記錄閱讀範圍，並且請他們的家長簽名即可。

要小學高年級的男生靜心看書，的確是很大的挑戰！當初班上有男生看到書單中的《安妮法蘭克日記》，第一個反應就是：「我才不要讀什麼日記，還安妮咧！」但大多數孩子在讀過豐富的書單後，最終都愛上了文字。

學生讀完後需要寫心得嗎？我認為要寫。但如果孩子寫不出讀書心得，我就請他寫信給書裡的某個人，就算只有一句話也沒關係。我也會提問：「如果你現在漂流到荒島，希望一個書裡的人物來陪自己，你會希望是誰？」或是請他們將書裡最美的一幕寫出來，甚至畫出來也行！

許慧貞老師受訪podcast：看著孩子的面相，
我就選一本會讓他愛上閱讀的書

一天二十分鐘，兩週可以讀一本，兩年就能讀完五十本。除了我開出的四十八本指定書單外，學生還有兩本書可以自選。有學生聽到爸爸對他說：「我這輩子讀過的書，都沒有你這兩年加起來多耶！」而我開出的四十八本書單，也會時時更新。

每到學期末，我會問孩子三個問題：「在你這學期讀過的書裡面，**有沒有真的覺得很難看的書？有沒有真的覺得太好看的書？有沒有看過其他很好看，但老師竟然沒選到的書？**」

每一屆的五年級孩子剛進我班級時，讀過經典的不超過三分之一。當他們在兩年後走出我的教室時，已經胸懷各類經典，有廣泛閱讀的自信去重新看待這世界，重新省視自己。我想這就是自己身為老師，能送給學生最大的人生祝福。

（資料取材：【黃國珍的podcast】閱讀—未來—雙素養EP三十九）

07

朱元隆校長×全校三學年的自主學習

不談教導重引導，連「睡覺」都可以探究

朱元隆（桃園市大園國際高中校長）

明蕾教授看課堂

一〇八課綱中規劃的「自主學習」時段，常常令學校不知所措。要如何規劃架構，在不干預學生個別學習的前提下，又能支持學生真正進行自主學習，顯然必須經過思考、修正和行動。朱元隆校長分享了大園國際高中這幾年架構自主學習的框架，包括老師如何重新定位自己的角色，學生又如何自由、自主探索，相當值得參考。

新課綱中的三個核心關鍵字是：**自發**、**互動**、**共好**，貫穿的脈絡就是「由內而外」的學習歷程，學習起點源自於個人的「自發」，終點則是走向人群的「共好」。什麼叫做「自發」呢？學校及老師又該如何透過課程設計，引導學生達到「自發」呢？

在台灣，大部分老師和學生過去的學習歷程，都沒有自發學習的經驗。由於新課綱強調「自發」，學校在平日的授課時間中，就擠出一個叫「自主學習」的時段，讓學生自己決定如何應用。這所謂的「自主學習」若沒有任何引導，不意外全部會變成「自習課」，被學生拿來準備考試、寫考卷、寫作業、睡覺。一個學期過去之後，什麼事都沒有發生。

所以我們決定開始導入系統，協助老師來引領學生自主學習。我們會告訴老師：「『自主學習』代表你不用『教導』學生，而是要『引導』學生。」有些老師則會擔心：「萬一學生想要自主學習我不會的學科，例如物理，這樣我要怎麼指導呢？」這是因為台灣老師所受的教學訓練，特別強調知識，所以如果無法教導學生想學的內容，就會感到非常惶恐。

台灣大部分老師沒有自主學習的經驗，也沒有自主學習的教學經驗，但我告訴他們：「我們要教的是自主學習的方法、資源利用、態度及時間安排，我們要教的是『學習如何學習』，而不是特定學科的知識內容。」

一〇八課綱能否成功，關鍵就在於老師。過去我們課堂上的教學很仰賴教科書，但「自主學習」是一種素養，融合了知識、技能、態度，而且沒有教科書。既然如此，我們要怎麼幫助老師去引導學生呢？

說說你想探究什麼

我們學校的特色是：高一學生一入學，就會進入為期三年的自主學習課程。我曾經告訴老師：「高一學生自主學習第一堂課，我們先不做其他事，而是問他：『在你人生成長歷程中，有沒有想要探究哪些事情？你能不能說出三個想要探究的主題？』」

當時老師聽了覺得很慌，不知道怎麼帶，於是我決定親自帶一次做為示範。那堂課我使用便利貼，讓學生寫下自己想探究的主題。有人只寫一個，有人寫了三個。我請同學們把便利貼全部貼在教室後面，大家可以彼此觀摩。學生看完之後就活過來了，每個人都開始有想法：有人想要去看火車，有人想發射火箭，有人說要做烘焙，有人打算去看某一類的電影。

我提醒學生，「探究」不要只是消磨時間，如果他們想探究手機遊戲，那麼請說出自己對於「手遊」這主題，有哪些想要知道的事？學生一定要對想探究的事情有想法。在學生貼完自己的便利貼，也參考過別人的想法後，我請他們用小本子寫下三個自己真正想探究的主題。

從第二節課開始，就是引導學生進行資源查詢，例如教孩子如何應用圖書館資源。校方可以先錄製共備資源，拍好教學影片，方便老師在課堂上播放，讓學生透過影片學習如何註冊網路平台、如何在圖書館借書。這堂課結束時，學生就能在老師的協助下，順利完成圖書館的註冊和借閱電子書。

老師接著要引導學生，尋找與這三個想探究主題有關的期刊、電子書、實體書等，並且在小本子記下搜尋紀錄和成果，這是他們自主學習的起點。

實作之後起步

第一次進行自主學習課程，最重要的是帶著學生一步一步實作。不論是註冊圖書館帳號或實際搜尋，我們不只是說說，而是真的在課堂上實踐。

查詢資料後，紀錄格式也很重要。我們告訴學生，參考資料的紀錄格式要符合一般論文的要求，並且教導什麼是APA格式。APA本來是美國心理學會

（American Psychological Association）設定的論文格式，後來被廣泛運用於社會科學的論文。

我們教導學生將所有查到的資料，都以APA格式儲存下來做為備注。找到的文章或影片有多長，也全部記錄下來。之後，我們規劃讓學生花六週查找資料，因為未來要繼續進行十八週的研究，所以一開始查找的資料範圍很大。等到方向愈來愈清楚後，查詢範圍就愈來愈聚焦，終於凝聚出研究方向，可以提出具體的研究計畫。這樣一來，下學期就能開始執行。

在這個過程中，老師要做些什麼呢？

老師在自主學習時段進入教室時，可以引導學生去發現學習的資源，或是指導學生如何撰寫自主學習計畫。我們會提供老師相關的參考範本，並提醒不用一直指導學生怎麼寫最好，畢竟老師們通常求好心切，不免會在意：「學生這樣寫行嗎？」「他做不到吧？」

我們還告訴老師，不要擔心學生寫錯或無法執行，因為那是他的事。台灣許多老師非常盡責，覺得學生做不好就是自己的錯。但我們認為學生做不好也是一種學習，可以在錯誤中修正。

一開始，學生的計畫都有點天馬行空。例如有學生想在自主學習時段看一部影片，但是片長兩小時，課堂時間只有一小時，所以根本看不完。他因此了解到，下次應該排兩堂課才能看完。

真正經歷過「時間不夠」的困境後，學生才會認為需要做時間管理，這就是在真實情境下的自主學習。

以輸出為導向的輸入

以前學生看完一部教學影片後，就認為學習已經結束了。如果老師要求學生寫下反思，他會說：「蛤，我沒有記啊！我只是看過了。」在被老師問倒之後，學生下次就會知道，接觸任何學習素材時要建立一種習慣，就是「以輸出為導向的輸入」。

但也有一些學生想自主學習烘焙，或者想要練吉他，而這些都不是在教室裡能做的事，需要另外找時間練習。那麼，這些學生在教室裡能做些什麼呢？他們可以看烘焙、吉他等教學影片並寫下筆記，拓展見聞和知識，在老師的陪同下，做增進大腦認知的自主學習。

高一上學期，學生提出自主學習計畫後，由老師引導他們探索學習資源、回饋與修正，之後審查通過。高一下學期，學生就開始執行自己提出的自主學習計畫，其中會寫到他準備做哪些事。

在計畫執行的過程中，一定會有錯誤或不如預期之處，我們要協助他們練習修正計畫，讓計畫能在合宜的時間和規模下，執行到最後。

最後還會有這個計畫的成果發表，無論是口頭或書面發表都可以。我們透過這種發表總結自主學習的成果，並且帶入反思。這樣學生在高一下執行完畢後，就會知道未來是否要繼續這項自主學習，或是有其他想探究的主題。

到了高二、高三，我們就不強求自主學習，因為至少已經確保他們有過一整年的自主學習經驗了。如果學生比較被動，不想參與自主學習，則可以去選修其他課程。

高二每週有三節彈性學習時間，學生可以選擇要上其他課程，或是選一到三堂課的時間進行自主學習。如果三節課都想要自主學習，我們一定同意，但學生必須寫好自主學習計畫。

學校第一屆的五百個學生裡，高二選擇自主學習的學生大概只有九十幾個，第二屆人數則增加到一百二十幾個，第三屆更成長至二百四十幾個，慢慢的，愈來愈多學生喜歡自主學習，人數比例開始逐漸上升，而且申請時數也在增加，許多人選擇三堂課都進行自主學習。

高三上學期，我們讓學生自由申請自主學習。到了高三下學期，因為學生已經考完學測，我們會提醒他們開始彙整自己的學習歷程檔案，準備申請入學。所以在高三下的自主學習課程中，我們鼓勵學生綜合整理過去兩年半的資料，並且進行反思。

原來睡覺的學問這麼大

我們確實在一些學生身上，看到了有意義的自主學習歷程。在高一自主學習的第一堂課，一位態度較消極的學生就趴在桌上睡覺。老師問：「你自主學習想做什麼呢？」他說：「我想睡覺。」老師問：「你想研究睡覺嗎？」他說：「好哦，那我研究睡覺好了！」

表面上他好像是在開玩笑，但當老師說：「那你上網查一下睡覺，看看有什麼發現？」他也就真的去查。這位學生想到家裡有養狗，所以就查詢動物怎麼睡覺。他因此發現狗狗睡覺的姿態，可以反映牠正處於什麼狀態，例如狗狗很放鬆與很緊張的時候，睡覺的姿勢竟然不一樣，這實在太有趣了！之後他進一步查詢不同種類的動物，想知道牠們睡覺姿勢所代表的意義。最後，這孩子的自主學習計畫，就展現了他探索和學習的成果。

在這樣的過程中，老師引導而不逼迫，最後學生做出來的成果則讓人驚豔。在這個過程中，這孩子的態度也有了戲劇化的轉變，因為他發現：「原來在自主學習課堂上，我真的能做自己想做的事，

聯合國OECD的素養觀點，
包含認知、技能與態度三者合一

而且有所學習。」

我期待在學校裡，這樣的自主學習課程能與ＯＥＣＤ（Organization for Economic Cooperation and Development，經濟合作暨發展組織）提到的未來教育架構吻合，也就是認知、技能、態度三者合而為一的學習歷程，最終展現出能夠外顯的素養，讓學生終身受用。

評量不限於考試

自主學習強調「自發」精神，這是一〇八新課綱很重要的基石。我們經常說一〇八課綱要培養孩子的素養，但是素養要怎樣才能看得到呢？這就和「評量」有關。

過去學校的評量主要是考試，但是單單透過考試，就能確定孩子學會了嗎？

有沒有可能他只是剛好答對？我們要怎麼確定學生真的理解這些內容呢？這就要仰賴外顯、看得見的評量方式。

也就是說，我們在做課程設計時，要規劃一些能讓學生表現出學習成果的任務。假設我希望學生具備分析的能力，可以給出一個文本或一個問題，請學生進行分析，這樣就能看出他學到什麼，以及有哪些不足的部分。之後再由老師搭建鷹架，協助提升學生的分析能力。所以，素養教學並沒有放棄傳授知識，但是著重於學生整體能力的養成。

過去的教室太過重視知識傳授，老師的授課時數幾乎占去所有上課時數，所以學生無暇展現自己「學到了什麼」。為何這一波課綱要把授課時數下調呢？時數下降不是為了減輕學生的負擔，而是讓他們有時間展現自己學到了什麼，但是這部分確實很仰賴學生的自主及自發。

因為這樣的改變，教學及評量變成老師和學生共同的協議。具體做法是：

當老師指定了一個報告作業，同時也必須列出「希望學生在報告中展現哪些能力」，以及評分的級距，這就是所謂的「評分引導」（Rubric），能兼顧質與量的評量。老師在指派作業時公開評分的指標及標準，這做法也能讓學生理解「可以在哪些環節努力」。

老師不是唯一主導評量權的人，學生也能針對老師的評量結果發表看法。對許多老師來說，這可能是個不容易接受的改變，因為以往老師一向主導評量大權，但現在「教」與「學」變成教室裡互動的兩股力量，教室主體不再只是老師，也包括學生。

一旦進入自發、自主學習的教室裡，老師和學生都要改變，如此才能共創互動共好的教學歷程。

（本文轉載自《閱讀理解》雜誌二〇二一年九月號）

跋

意外的豐盛，真實的美好

這一本書是我生命中的意外之作。

對於教育現場，之前我雖有參與但並不深入。除了自己早年學校歲月的經歷外，近年來因為家裡三個孩子陸續就學，我當了十年小學家長，七年國中家長，如今仍有孩子在高中就讀。

之前我在媒體業和出版業工作多年，二〇二一年來到品學堂任職後，觀察到雙閱讀素養的教學大勢已至，於是自告奮勇跟老闆（黃國珍老師）提議：「請讓我擔任你的podcast製作人，我們來倡議雙素養教學！」這個podcast後來名為

《閱讀－未來－雙素養》。於是，每週一次的podcast企劃，成為我探索雙素養教學的最佳路徑。

podcast的形式，大部分是由國珍老師擔任主持人，與來賓對談。國珍老師本來就是閱讀素養的專家，邀訪而至的來賓，有的是學者，有的是來自教育現場的老師。這樣理論與實務並進的內容，的確在播出之後，收到聽眾正面的評價。有許多教育圈的校長、老師碰到國珍老師，會跟他分享最近聽了哪一集，或收聽後有什麼收穫。

這一年來，我們也辦了二十場的雙素養教學線上工作坊，有的是小型精緻的教學實作，有的是人氣爆棚的演講，大約有三千人次的老師報名。工作坊都在週末舉辦，全台灣（也有海外）卻有如此多老師犧牲自己的假日，一而再、再而三的參加，只為了精進自己的教學。每次看到這樣的盛況，我都感受到一種驕傲，並且覺得台灣的老師一定可以用這樣的熱情和專業，教出自發、互動、共好的下一代。

在雙閱讀素養的領域中，陳明蕾老師令我折服。第一次邀請她來錄製國珍老師的podcast時，聽她娓娓道來雙素養教學的藍圖，我曾經身為出版人的本能就已經啟動，心想：「這麼好的見解！這麼好的口才！這麼溫暖的話語！這位老師一定要出書。」

在跟明蕾老師合作這本書的過程中，我驚嘆於她的博學，也感受到她與現場老師、課室同學互動的溫柔與愛心，她這樣的特質，為本書帶來獨特的知性與感性，為讀者的頭腦帶來滋養，為心靈注入激勵。這一切彷彿一場紙上的教學盛宴，透過文字點點滴滴的注入字裡行間。我想閱讀至此的讀者應該都能感受到，我所描述的一切真實不欺。

教學是一種展現個人魅力的藝術，每位老師的課室，就是他的教學劇場。在過去一年的教學工作坊中，我有幸邀請到幾位現場老師分享教學實例，這些課例都集結在本書第四部的精采內容裡。

其中，吳韻宇老師的課堂結構分明、論述清晰，兼有與學生亦莊亦諧的互動。她雖然是國文暨閱讀老師，卻勇於探索各種能用於教學的軟體，讓文本教學成為與學生共創的演出。

陳雅文老師的課堂，也帶給我極大的驚喜！這個雙閱讀素養課程，結合媒體識讀、問題探究、法律思維，短短幾堂課，就讓國二孩子蛻變成一個能在現代社會正向思考的公民。

陳珮汝老師的課堂中，除了閱讀理解外，還融入她個人獨特的教練思維。她不介意孩子過去哪些學不好，更關心孩子能否在她的課堂中，學到自己的探究。帶領學生一起共創知識，讓孩子學到終身受用的能力，是她十年來一貫的熱情。

裘旼旼老師把課程設計當做一條河流，我很喜歡這樣的比喻，貼切說明每一堂課雖然有框架，但也充滿各種可能。許慧貞老師用極大的愛心和意志力，成就了小學課堂中不可思議的閱讀策展。最後，朱元隆校長用理科人的巧思，破解教學現場「不知如何帶領學生自主學習」的難題。

還有幾位曾經在工作坊中共備的老師，包括季儒老師、曉君老師、浩勳老師、萬春老師、毓玲老師、佩蓉老師、淑君老師、馨君老師、建成老師、Vista老師、嘉怡老師，也在此感謝大家的付出。

我閱讀這些老師的教學現場時，彷彿也看到課室中學生和老師同步、同感、同心學習的面孔。如同明蕾老師在本書的第一篇所說，激勵她能夠持續站在教學現場的最大動力，就是：「身為老師，可以讓孩子的生命因此不同。」

最後要謝謝國珍老師，讓我有機會開展這一年的驚奇之旅，所見所聞皆是豐盛美好。也謝謝親子天下的叢書總監佩芬促成這本書，謝謝責編子揚精心成就這一切。

共筆作者　丘美珍

二〇二三年　春

附錄

雙閱讀素養教學資源分享&共備邀約

名稱	類型	特色	QR code
柯華葳教授閱讀研究中心	網站	由已故召集人柯華葳教授構思規劃，將實證資料轉化於閱讀教育應用。	
黃國珍的podcast：閱讀—未來—雙素養	podcast	頻道聚焦三大主題： 1 雙素養教學 2 數位教養 3 青少年溝通	
品學堂—數位理解學習系統	平台	提供雙閱讀素養的「教」與「學」資源，包括： 1 文本（含解析、延伸閱讀） 2 評量題庫 3 學習歷程記錄 4 教師後台派發作業 5 自動批改評量	

閱讀素養教學	臉書社團	閱讀素養教學的教師專業社團
CIRN國民中小學課程與教學資源整合平台—雙素養教學	網站	教育部雙素養教學政策說明&資源
《閱讀理解》季刊	雜誌&平台	適合中學生的閱讀理解紙本素材
閱讀理解Junior數位平台	平台	適合五到八年級的閱讀理解數位素材
翻轉教育	網站	創新教學專業與資源分享平台

⊙製表：丘美珍

如果您是老師，未來有意願加入【柯華葳教授閱讀研究中心】或【品學堂】雙閱讀素養共備研習，歡迎留下聯絡方式，謝謝！

若願意加入共備研習，一起讓孩子成為自發、互動、共好的優讀者和優學者，請掃瞄下方QR Code，填寫聯絡表單。

學習與教育 0242

教出雙閱讀素養

紙本×數位，培養Super優讀者

作　　者／陳明蕾、丘美珍
封面插畫／陳完玲、FE設計
責任編輯／李佩芬、陳子揚（特約）
校　　對／魏秋綢、王雅薇
封面設計、圖表繪製／FE設計
版型設計／黃育蘋
內頁排版／立全電腦印前排版有限公司
行銷企劃／陳佩宜

天下雜誌群創辦人／殷允芃
董事長兼執行長／何琦瑜
媒體產品事業群
總經理／游玉雪
副總經理／林彥傑
總監／李佩芬
副總監／陳珮雯
版權主任／何晨瑋、黃微真

出版者／親子天下股份有限公司
地址／台北市104建國北路一段96號4樓
電話／（02）2509-2800　傳真／（02）2509-2462
網址／ www.parenting.com.tw
讀者服務專線／（02）2662-0332　週一～週五：09:00~17:30
讀者服務傳真／（02）2662-6048
客服信箱／ parenting@cw.com.tw
法律顧問／台英國際商務法律事務所 ・ 羅明通律師
製版印刷／中原造像股份有限公司
總經銷／大和圖書有限公司　電話：（02）8990-2588

出版日期／ 2023年4月第一版第一次印行
　　　　　 2023年4月第一版第二次印行
定　價／ 420元
書　號／ BKEE 0242P
ISBN ／ ISBN 978-626-305-457-8（平裝）

教出雙閱讀素養：紙本X數位,培養Super優讀者/陳明蕾, 丘美珍作. -- 第一版. -- 臺北市：親子天下股份有限公司, 2023.04
288面；14.8×21公分.（學習與教育；242）
ISBN 978-626-305-457-8(平裝)
1.CST: 教學理論 2.CST: 閱讀

521.4　　112003800